Le président et moi

Philippe Ridet

Le président
et moi

Albin Michel

Pour Gilles Bresson, où qu'il soit

Prologue

Dans la nuit du 20 au 21 juillet 2007, j'ai été nommé ministre délégué à l'Outre-Mer. Déjà l'aube s'apprêtait à venir. Je ne me souviens plus qui m'a annoncé cette promotion, ni d'ailleurs qu'elle m'ait été véritablement annoncée. J'étais ministre, voilà tout, et plutôt fier de l'être au regard de mon parcours personnel qui ne me prédisposait pas à cet honneur. Oui, j'étais fier et un peu revanchard. Je repensais à un ancien professeur de français, M. Guérin, qui, en classe de quatrième, au tournant des années soixante-dix, m'avait plusieurs fois humilié, se moquant de mes fautes d'orthographe et de mes lectures. L'inviterai-je à ma cérémonie de prise de fonctions ? Je verrai. Il portait de fines chaussettes de soie transparente qui écrasaient ses poils sur ses mollets et achevaient de le rendre à mes yeux tout à fait antipathique.

J'étais aussi très satisfait que mon futur ministère ne fût pas trop loin de mon domicile. Je pourrais m'y rendre à pied, pensais-je. Je me voyais descen-

dre la rue de Miromesnil, fraîche et perpétuellement ombreuse, pour me rendre place Beauvau.
Mais le ministère de l'Outre-Mer se trouve
rue Oudinot ! objectera-t-on. J'en conviens. Mais
c'est ainsi que j'imaginais ma destination. Seul
désagrément : je ne trouvais pas de chaussettes
pour achever de m'habiller. Tans pis, j'irais pieds
nus dans mes mocassins. Je resterais derrière mon
bureau le plus possible et m'abstiendrais de croiser
les jambes pour ne pas découvrir mes mollets lors
des réunions de mon cabinet où il est recommandé, pour se libérer du lien hiérarchique et sus-
citer la créativité des équipes, de parler à bâtons
rompus et d'égal à égal autour d'une table basse.

Je me souvenais assez précisément d'une réflexion
que m'avait faite Nicolas Sarkozy le 14 juillet 2005.
Ce jour-là, depuis la place Beauvau justement, dis-
tante d'une centaine de mètres de l'Élysée, il avait
tranquillement torpillé la garden-party de Jacques
Chirac, en déclarant qu'il n'avait pas été élu, lui,
« pour réparer des serrures à Versailles ». Une allusion aussi aimable que transparente à Louis XVI avec
lequel il comparait le chef de l'État qui, à la fin de
son mandat, avait donné l'impression d'avoir peu de
prise sur le cours des choses.

Réunissant un petit groupe de journalistes écra-
sés par la chaleur qui régnait sur Paris ce jour-là,
dans la fraîcheur climatisée de son bureau de ministre de l'Intérieur, il n'avait cessé de s'ébahir de sa
popularité et de la ferveur qu'il suscitait. Un instant, il s'était tourné vers moi et, ses yeux fixant mes

chevilles, m'avait lancé : « Tu ne mets plus de chaussettes maintenant ? – Non, jamais après le 1ᵉʳ juillet », avait été ma réponse.

On s'étonnera peut-être que, dans un premier élan, je n'aie pas immédiatement refusé cette nomination ministérielle au nom de la déontologie. C'est vrai quoi ! un journaliste ministre, il ne fallait pas exagérer ! Déjà que notre réputation n'était pas très bonne… Je le confesse à ma grande honte : ce n'est que plus tard que je réalisais que ma nouvelle fonction m'obligerait à renoncer à mon métier de chroniqueur du sarkozysme triomphant. Dans un premier temps, un peu inconscient, amorti par le sommeil, déjà grisé par la perspective d'une vie nouvelle qui s'ouvrait devant moi, je m'étais même imaginé pouvoir mener les deux activités de front : ministre et reporter.

Quelle opportunité ! Le rêve ultime de l'« embedded », comme on appelle depuis la guerre d'Irak les journalistes embarqués avec la troupe. Pour le coup, j'étais vraiment embarqué au cœur du réacteur. Aux premières loges du spectacle. À moi les war rooms ! À moi les réunions secrètes dans le salon vert qui, à l'Élysée, sépare le bureau du président de celui du secrétaire général ! À moi les prix en tous genres et la gloire qui va avec. Acteur et témoin, j'allais pouvoir raconter les réunions secrètes, révéler les confidences de Nicolas Sarkozy, raconter ses affres, ses coups de colère et ses coups de blues en direct, sans passer par le filtre de mes informateurs habituels. Pas de coups de fil à passer, pas de fastidieux recoupements, tout me serait livré comme dans un grand supermarché où je n'aurais qu'à me servir, directement du producteur au consommateur. Pensez un peu : j'allais même pouvoir découvrir l'agenda du président avant qu'il ne soit donné à mes collègues journalistes. Le coup d'avance assuré, le scoop quotidien, ce détail qui fait la différence : tout me serait donné. Et pour ce livre aussi, quelle aubaine ! Il suffirait de regarder, prendre des notes et raconter. Je venais de passer plus de dix ans d'une vie professionnelle à le suivre, à chroniquer ses faits et gestes, à apprendre à lire sur son visage, à décrypter ses humeurs dans un plissement d'yeux. J'avais acquis dans cet exercice d'immersion une certaine réputation de sarkologue. C'était après tout la même aventure qui continuait. Tout simplement, je me rapprochais encore un peu plus du sujet.

L'exemple de Catherine Pégard et Myriam Lévy, deux journalistes chevronnées (l'une au *Point*, l'autre au *Figaro*) qui avaient accepté de passer dans le camp du pouvoir, avait provoqué en moi un double sentiment de surprise et finalement de jalousie. N'aurais-je pas aimé moi aussi qu'une telle proposition me fût faite ? Non pas pour y céder – je connaissais mes limites – mais pour y réfléchir, pour se sentir désiré. Jouer avec cette idée folle pendant vingt-quatre ou quarante-huit heures, imaginer une autre vie, en calculer les avantages et les risques jusqu'à n'en plus dormir ? Leur choix fit jaser chez les journalistes politiques. Peu les condamnèrent d'emblée. Plus nombreux qu'on ne croit furent ceux qui dirent les comprendre comme s'ils avaient, un court moment, imaginé les affres qui avaient été les leurs avant d'accepter de rompre avec leur précédent métier.

Le rêve était tenace et luttait contre le petit jour qui débordait par les interstices des volets clos. Mais déjà son charme s'effilochait. Je me vois encore avertir ma femme de la nouvelle carrière qui allait être la mienne et, forcément, un peu la sienne. « *Ma che ne me frega...* », me lança-t-elle. Littéralement : « Qu'est-ce que cela peut me faire ? » Bref, ce n'était pas gagné. Visiblement, la perspective de devenir l'épouse du ministre délégué à l'Outre-Mer et de m'accompagner de Cayenne à Papeete, de Nouméa à Saint-Pierre-et-Miquelon n'avait, à ses yeux, que de modestes attraits. Mon enthousiasme fut douché. La possibilité que je me retrouve un jour à Saint-Laurent-du-Maroni, en la seule compagnie d'une chef de cabinet au teint blanchâtre et d'un préfet luisant sous sa casquette, me pendait au nez et commençait à dissiper mes illusions avec les derniers restes de la nuit. D'ailleurs, je n'aimais que les climats tempérés. Que pourrais-je bien faire de tant de plages et de cocotiers ? De ces cyclones dévastateurs qui couchent les plantations de bananiers en quelques minutes et obligent le ministre délégué à l'Outre-Mer à partir illico pour Pointe-à-Pitre ? Cela ne valait pas grand-chose au regard de ce que j'abandonnais, la vie itinérante des journalistes embarqués qui me plaisait tant.

La longue campagne électorale commencée en novembre 2004 avec l'intronisation de Nicolas Sarkozy à la tête de l'UMP nous avait rapprochés, nous les journalistes, les uns des autres, faisant émerger une vie communautaire d'autant plus harmonieuse qu'elle était épisodique. Ministre, c'était aussi renoncer à cela. À nos retrouvailles à l'aéroport ou dans les gares, à notre classement des meilleurs sandwichs (sans conteste, ceux de la gare de Lyon au pied du Train bleu), à notre excitation commune pour des déclarations qui seraient oubliées le lendemain, à notre angoisse pour transmettre des images et des mots sans postérité, à nos agapes du soir, à ces villes de province traversées sans vraiment les voir. À cette vie sans conséquence. « Bruno, Ludovic, Fabien, Paul, Jean-François, Michaël, Valentine, Géraldine, Nadège, Isabelle, Caroline et Roselyne, où êtes-vous ? »

Et puis le jour a traversé les persiennes. À Terracina, entre Rome et Naples, le soleil ferait bientôt se lever le rocher de Circé au-dessus de la mer. Je sortais lentement de mon sommeil. Appeler Claude Guéant, le très redouté secrétaire général de l'Élysée, pour refuser le poste ? Je n'eus pas à le faire. Trop tard. L'évidence se dissipait déjà. Ma nomination au gouvernement s'effaçait dans les derniers lambeaux du sommeil. À force de suivre les faits et gestes de Nicolas Sarkozy, voilà qu'il envahissait mes nuits ! Drôle de rêve. J'en sortis sans regret : la perspective d'une nouvelle journée de vacances s'offrait à moi. Le programme ? Aller à la plage, acheter des grillades pour le soir et trouver un début à ce fichu livre.

14

J'étais journaliste depuis vingt-cinq ans, un métier que j'avais choisi sans vocation particulière, faute d'autres aptitudes. En revanche, j'avais quelques dispositions naturelles pour m'imprégner de la vie des autres et en restituer certains aspects. Depuis dix ans, c'est ce que je faisais avec Nicolas Sarkozy dans les pas duquel le hasard m'avait mis, au milieu des années quatre-vingt-dix. Des souvenirs, bien réels ceux-là, me revenaient, de lui, de nous les « embedded », de lui et moi. Une longue histoire. « Ça se raconte », m'avait convaincu mon éditeur. Et parce qu'il est toujours plaisant d'être désiré, j'avais accepté sans trop d'hésitations.

« Le président et moi », oui en toute simplicité ! Parce que c'était aussi mon histoire et qu'elle n'avait d'intérêt qu'à être racontée de mon point de vue, à la première personne du singulier, au risque du nombrilisme. Une confession ? Un passage aux aveux ? Non, tout simplement l'histoire d'un journaliste lambda embarqué, avec d'autres, dans le grand cirque que Sarkozy commençait à mettre en place après la défaite de Balladur – qu'il avait soutenu – face à Jacques Chirac. Je l'avais vu installer le chapiteau, monter les gradins, préparer ses numéros et s'emparer d'un mégaphone pour attirer le public. Les talents, à droite, n'étaient pas si nombreux qu'il faille nous désintéresser de celui-là. J'ai applaudi à quelques-uns de ses tours quand ils étaient bien exécutés. Le hasard m'avait offert une place à la tribune d'honneur pour suivre les préparatifs de cette aventure qui le conduirait au sommet de l'État. De

15

Neuilly à l'Élysée, d'un amour à l'autre, de triomphe en désillusions, je n'avais pas raté grand-chose des épisodes qui avaient jalonné son parcours.

C'est le risque de la proximité, c'est aussi son charme vénéneux. J'appris ainsi dans un jeu permanent d'avancées et reculs, de compromissions et de précautions, à ajuster la distance, sans cesse à réévaluer, où je me tenais. À m'approcher du centre pour me réfugier sur les bords. Cette position privilégiée, qui me vaudrait aussi le soupçon d'être trop proche de mon sujet, trop connivent, m'a aussi permis d'aiguiser mon regard sur lui, de développer une intuition du personnage, une connaissance de l'intérieur qui me sert aujourd'hui encore. Pendant douze ans, de campagne en congrès, de déjeuner en rendez-vous, j'ai cherché la bonne distance. Sans toujours y parvenir. Vu de trop loin Sarkozy semble un agité sur une scène trop grande pour lui, trop près il séduit. La position médiane n'est pas meilleure non plus puisqu'elle efface la perspective et les détails. Il faut donc passer du proche au lointain dans des allers et retours incessants, comme on cherche un peu d'eau fraîche quand on se brûle un doigt. Ce nouveau règne est une autre occasion de rechercher la bonne position. Deux hystéries se confrontent : celle des admirateurs et celle des détracteurs acharnés : entre les deux, il y a de la place pour un regard singulier, le mien en l'occurrence. Oui, « Le président et moi ». Comme dirait Sarkozy : « J'assume. »

1.

« Je voulais te remercier… »

Il n'a pas cherché à nous voir. Pas un coup d'œil, rien. Pourtant il lui suffisait de lever la tête pour nous apercevoir, alignés sur le praticable qui surplombe la salle des fêtes de l'Élysée. De là, nous embrassons tout d'un seul regard : les acteurs principaux, les seconds rôles et les figurants, ceux qui seront de l'aventure qui a commencé le 6 mai avec sa victoire face à Ségolène Royal, et ceux pour qui elle s'achève. Je scrute sur le visage du cinquième président de la Ve République les signes de la transfiguration qui devrait l'irradier. Mais rien ne vient confirmer l'hypothèse séduisante d'une métamorphose. Sarkozy, ce 16 mai, jour de la cérémonie d'installation, ressemble comme deux gouttes d'eau au Sarkozy d'avant son élection. Il est mieux habillé, voilà tout : costume sombre, ajusté aux épaules, et toujours ses mocassins à talonnettes que la longueur du pantalon dérobe au regard. Les apercevoir demande un coup d'œil exercé. Nous l'avions.

Je me souviens qu'à l'été 1995, Jacques Chirac avait invité à l'Élysée les journalistes qui l'avaient suivi tout au long de sa campagne. Alors que nous patientions en prenant l'apéritif entre salon et terrasse, la voix d'un huissier avait retenti : « Monsieur le président de la République. » Le plus étonnant avait été de voir arriver effectivement Jacques Chirac, tel qu'en lui-même, à grands pas et sourire aux lèvres. Ce jour-là, je n'avais pas non plus noté la moindre transformation.

Nicolas Sarkozy a salué ses invités, parfois suivi, parfois précédé de Cécilia. D'elle on a tout dit. Au moins de sa tenue. Sa robe Prada, élégamment plissée, ivoire ou crème selon les médias. Son léger mouvement de recul quand son mari avait cherché à essuyer sur sa joue une larme absente. Il aurait pourtant eu tout le temps, entre deux poignées de main, d'adresser un clin d'œil à ceux qui avaient accompagné sa marche vers le pouvoir. Mais il refusait ce jour-là obstinément d'être complice, comme s'il voulait marquer qu'une autre vie commençait. Une vie de président, abritée derrière la grandeur de sa fonction et élevée par sa nouvelle charge à des hauteurs où nous n'avions plus accès. N'avait-il plus besoin de nous ?

Je gardais à l'esprit le coup de téléphone qu'il m'avait adressé, ainsi qu'à quelques autres, alors qu'il s'apprêtait à rentrer de son escapade familiale à Malte, le 9 mai. Malte, le yacht et l'avion de Vincent Bolloré grâce auxquels il avait pu s'offrir quelques jours à faire des ronds dans l'eau en Méditerranée.

18

Malte après la nuit du Fouquet's, ce palace parisien où il avait fêté sa victoire et commencé de malmener le beau roman de sa campagne. En quelques phrases, rendues en partie inaudibles à cause d'un bruit d'intense mastication (des cacahuètes probablement), il s'était accordé trois minutes montre en main pour justifie sa stratégie et dévoiler la méthode qui allait désormais être la sienne. « Oui bien sûr », disais-je de temps en temps, tout en prenant fébrilement des notes. « C'est beaucoup de travail, commença-t-il. J'ai vingt-cinq ans d'expérience. J'ai beaucoup travaillé, beaucoup réfléchi. Quand vous écriviez que j'agissais par pulsion, c'était réfléchi. Si je m'étais positionné au centre, on perdait ; moi je suis allé au peuple. » Des rafales de vent s'engouffraient dans l'écouteur. Il devait appeler de l'aéroport. Il continua : « Ségolène Royal a fait une très mauvaise campagne. Une campagne, c'est d'abord le candidat, c'est pas l'équipe. On va vraiment changer le pays. Tourner le dos aux petits sentiments. On va faire bouger les lignes. »

« Oui bien sûr, mais... »

Sans écouter la suite de ma phrase, il avait repris, à la fois mécanique et survolté : « Je suis heureux. On a gagné sans mentir. On a fait comme il fallait. J'ai vraiment tout dit. J'ai été sincère du début à la fin, y compris avec mes amis. Si je ne m'étais pas affranchi d'eux, je me serais enfermé. La famille était unie parce que je l'ai élargie. »

Je parvins malgré tout à lui demander pourquoi il avait finalement choisi cette croisière sur un bateau grand comme un trois-pièces parisien, si loin de ce « peuple » à qui il avait promis du pouvoir d'achat, de la dignité retrouvée, du bonheur en plus. Pourquoi cette soirée de victoire fêtée comme un parvenu qui aurait gagné au Loto sportif ?

« Ma petite famille avait besoin de ça. J'ai voulu les protéger jusqu'à la dernière seconde. C'était important. »

Puis, sans transition, il me lança :

« Je voulais te remercier d'avoir suivi ma campagne et te saluer si tu arrêtes.

– Non, je continue à l'Élysée.

– Dans ce cas, c'est très bien. »

Peut-être était-ce la seule chose qui l'intéressait après tout, savoir si le journaliste du *Monde* qui avait suivi toute sa longue marche vers le pouvoir allait continuer le même travail dans les prochaines années. Si j'allais rester dans son paysage, rassurant comme le visage d'un familier, ou s'il fallait dès maintenant commencer une nouvelle entreprise de séduction avec quelqu'un d'autre. J'avais du mal à croire qu'il ne le sache pas déjà.

À la fin, je lui demandais : « Dois-je dorénavant te vouvoyer ? » Sa réponse : « Tu rigoles ! » Voilà, après avoir été le journaliste qui tutoyait le candidat, je serai celui qui tutoyait le président. Puis il avait raccroché, très vite, sans salutations alambiquées, comme il devait le faire, j'imagine, avec ses collaborateurs. L'essentiel avait été dit, le message, passé.

2.

Dans le cercle de la connivence

Dans la petite foule des invités un fossé semble avoir grandi entre les compagnons de la première heure et les autres, arrivés in extremis et que la victoire projette au premier plan. Les premiers se sont regroupés en petit cercle. Malgré leur sourire et le plaisir qu'ils prennent à voir enfin celui qu'ils ont accompagné, rassuré parfois et dont ils ont, souvent, essuyé les colères, parvenir au sommet, ils partagent le même air de tristesse. Une époque s'est achevée avec l'élection de leur champion, c'est comme s'ils avaient perdu ce jour-là une part de leur jeunesse. Sur un mot de lui, ils se sentaient galvanisés, prêts au combat. Un reproche les accablait. Un jour, j'ai vu l'un d'eux, Laurent Solly, son chef de cabinet, se faire rabrouer. Nous étions en avion, le candidat au fond avec quelques journalistes avait eu besoin d'un dossier. « Laurent ! » appela-t-il avec impatience. Celui-ci arriva. Sarkozy : « La place d'un chef de cabinet est d'être à mes côtés. – Oui Monsieur le ministre », avait-il répondu, empourpré et penaud. Aujourd'hui, ils paraissaient suspendus, comme inutiles, rendus à un rôle de figurants parmi d'autres, étonnés de se voir si nombreux au banquet des vainqueurs.

Solly est là justement. Pour lui l'aventure s'arrête. « À sa demande », me jure-t-on. Épuisé, rompu par le décès de son épouse en pleine campagne, père de deux petites filles, ce beau gosse de trente-sept ans a demandé à Sarkozy un bon de sortie. « Il a préféré anticiper la disgrâce. Il savait qu'il n'aurait pas sa place dans cette nouvelle histoire », me glisse un de ses amis. Cécilia, en effet, a demandé et obtenu sa tête. Le nouveau président lui a d'abord proposé de se présenter dans son ancien fief aux municipales à Neuilly. Solly a refusé. Aujourd'hui, une place de directeur général adjoint de TF1 l'attend. Elle n'aura coûté qu'un coup de téléphone du nouveau président à son ami Martin Bouygues, le propriétaire de la chaîne. Solly se tient aux côtés de Jean-Michel Goudard, publicitaire retiré et riche qui a offert, « gracieusement » insiste-t-il, un peu de son temps et quelques idées à la campagne. Son obsession : que le candidat « prenne son temps », dorme dans des hôtels de province, ralentisse son rythme comme il l'avait obtenu de Chirac en 1995. Peine perdue.

Dans cette atmosphère de réception mondaine où les invités ont revêtu leurs plus belles toilettes, la vieille garde du président hésite entre le doute et l'ironie. Si quelque chose les relie encore, ce sont les souvenirs qu'ils se raconteront plus tard. Il y a Henri Guaino, la plume du candidat, André Glucksmann, le philosophe rallié, et l'écrivain Yasmina Reza qui va de l'un à l'autre. Elle achève l'écriture de son livre[1] qui paraîtra au mois de septembre. Je me souviens de sa joie de petite fille, le soir du premier tour, avenue Percier, à Paris. C'est par cette avenue que Sarkozy était ressorti du siège de l'UMP après avoir salué les militants. Yasmina Reza avait embarqué à sa suite dans une voiture du cortège. Elle souriait, radieuse. L'aventure à laquelle elle s'était jointe depuis une année promettait de bien finir, et elle tenait un bon livre.

En vérité, nous n'avons rien vu de ce premier jour au pouvoir. À cet instant-là, sans que nous le comprenions tout à fait, nous avons été rejetés aux marges du nouveau pouvoir, comme congédiés. La presse a été priée de descendre de son perchoir sitôt le dernier invité salué par le couple présidentiel. Cette nouvelle histoire n'aurait pas besoin de nous pour se raconter. Quelques-uns sont parvenus à se glisser jusqu'au cocktail, mais ils ont été vite repérés par un huissier peu aimable et éconduits, comme des représentants de commerce, avec une politesse minimum. Cela aussi c'était une rupture. Nous ne l'avions pas prévue. Il y a comme une petite blessure d'amour-propre à être rejeté d'un récit auquel nous pensions être associés.

Avec Sarkozy, nous avions nous aussi partagé beaucoup, et notamment de notre temps. Il s'était

---

1. Yasmina Reza, *L'Aube le soir ou la nuit*, Flammarion, 2007.

parfois invité, à la fin d'un meeting, dans nos salles de presse. Pourquoi ne pouvions-nous pas à notre tour nous incruster dans cette fête ? En sortant de l'Élysée, j'aperçois un car qui stationne le long de l'avenue Marigny. Les journalistes accrédités pour le premier voyage du président sont déjà à bord, prêts à être conduits à l'aéroport, direction Berlin où, le soir même, Sarkozy a rendez-vous avec Angela Merkel. Je les plains d'être jetés sans transition de la chronique d'une victoire à l'ordinaire de la diplomatie.

Le soir, j'appelle Yasmina Reza. Elle me raconte qu'elle vient de téléphoner à Claude Guéant pour lui expliquer qu'elle renonce à poursuivre son enquête auprès du candidat devenu président. « Ça ne m'intéresse pas, dit-elle. Ce n'est pas mon livre, pas mon histoire. » Elle parle encore d'une « fin effilochée et brutale ». Des mots que je retrouverai, dans cet ordre, dans son livre. J'appelle ensuite Jean-Michel Goudard, pensant qu'il a peut-être assisté à ce déjeuner et qu'il pourra me le décrire. « Je n'y étais pas, me dit-il. Tu ne devineras jamais où je suis… Dans un magasin de vélos à Genève. Je vais pédaler le long du lac. » Je l'imaginais, vieux jeune homme arc-bouté contre le vent.

Un gouvernement de journalistes

Paris-Match, la semaine suivante, nous racontera la suite de cette noce de haute volée : les tables dressées dans un grand salon, le service de Sèvres, les serveurs en habit, la table des jeunes (les enfants et leurs amis). Il faut s'habituer à épeler de nouveaux noms : Mathilde et Roberto Agostinelli, Bruno et Agnès Cromback, Xavier de Sarrau et son épouse, Mme de Moussac. D'où sortent-ils ? Où étaient-ils pendant la campagne ? Pourquoi nous avait-on caché cette noblesse, ces hommes d'affaires et leurs épouses tout droit sorties du *Bottin mondain* ? Ces manières guindées qui leur sont si naturelles, cette façon de mettre leurs mains de part et d'autre de l'assiette en attendant d'être servis ? Où étaient-ils, dans quel salon caché pour VIP, pendant que nous faisions le pied de grue en attendant le candidat ? Pendant que nous comptions le nombre de fois où il avait cité Léon Blum, et Jean Jaurès, et Guy Môquet ? Nous ne les avons pas vus, ni dans les Ardennes par un froid glacial, ni dans la fournaise de la Camargue. Ni dans les usines où le candidat s'essaye au langage ouvrier, mangeant la moitié de ses mots pour faire peuple, ni dans les fermes où il passait en coup de vent, parce que les agriculteurs, n'est-ce pas ? c'est important, même s'il n'avait rien à leur dire.

Avait-il joué avec eux à former son gouvernement idéal comme il l'avait fait avec nous un soir de mars 2006 à Pointe-à-Pitre où mon rêve de ministre avait peut-être trouvé son origine ? Malgré la fatigue du décalage horaire ou à cause d'elle, Sarkozy avait rejoint la table des journalistes au restaurant de l'hôtel. Nos questions ne manquaient pas. Crise du CPE[1], affaire Clearstream, nouvelle offensive des chiraquiens, il répondait en phrases courtes et lasses qui décourageaient nos relances. Il avait commencé à compter les jours : « Plus que treize mois... » Il s'amusait de nos efforts, tripotant son téléphone portable posé sur la table, voulant parler d'autre chose. Comme nous l'interrogions sans succès sur la composition de son futur gouvernement en cas de victoire, il répondit, le sourire aux lèvres : « Je peux aussi choisir parmi vous. – Chiche. »

Et le tour de table commença. Posant son regard sur quelques-uns d'entre nous, il commença. Il fit de Vanessa Schneider (*Libération*), une ministre de l'Intérieur : « Elle en a la dureté... » De Nadège Puljak (AFP), une garde des Sceaux, « Parce qu'elle a du cœur. » De Roselyne Fèvre (France 3), une ministre de la Défense pour « remonter le moral des troupes ». « C'est nécessaire après Michèle Alliot-Marie », ajouta-t-il. Ce petit jeu l'avait déridé. Il semblait nous dire : « Je vous connais autant que vous prétendez me connaître. » Nous aurions dû être plus attentifs. Ce curieux moment préfigurait peut-être la façon dont il composerait, à peu près un an plus tard, son gouvernement. À quoi bon s'entourer de compétences puisqu'il ferait tout tout seul en

---

1. Contrat première embauche. Ce dispositif d'aide à l'emploi imaginé par Dominique de Villepin à destination des jeunes de moins de vingt-six ans sera finalement retiré sous la pression des manifestations.

compagnie d'une dizaine de conseillers cornaqués par le secrétaire général de l'Élysée, Claude Guéant ? Un journaliste sans qualités pouvait bien se retrouver bombardé à la Défense puisqu'il n'aurait jamais à prendre une décision sans en référer au palais. La moiteur du climat, la fatigue avaient érodé nos réflexes, probablement.

« Et Isabelle ? » Il regarda Isabelle Torre (TF1), et reprit : « premier ministre. » « Je suis bien trop paresseuse », relança-t-elle. « Justement vous avez horreur de faire le travail des autres et vous avez un excellent esprit de synthèse. Vous mettrez de l'ambiance à Matignon. » « Et Ridet ? » « Ministre de la condition féminine », répondit-il du tac au tac avec le sourire narquois de celui qui vient de placer un passing shot le long de la ligne. Je laissais filer. J'étais divorcé, remarié, il n'en fallait pas plus à Sarkozy pour me cataloguer play-boy. Du coup, je me demande pourquoi je rêverai plus tard d'être ministre de l'Outre-Mer !

Je sens bien qu'il faut que je m'explique et que je ne pourrai pas longtemps différer le sujet. Oui, je tutoie le président de la République (je ne suis pas le seul) et, oui, je suis journaliste. S'expliquer : le mot est mal choisi. Se justifier ? Pire encore. Il n'y a rien à justifier, c'est ainsi, un point c'est tout. Il y a juste à dire les choses, sans hystérie ni contrition. On me dira que cela ne se fait pas. Que cela nuit à la distance avec mon sujet. Que cela fait de moi la victime d'une tentative de séduction voire d'intimidation. Un jour que je participais à une émission de télévision (*Arrêt sur images*, défunte depuis) en partie consacrée à la question – qui fait tant fantasmer – du rapport entre Sarkozy et les journalistes, quelqu'un a parlé de « la violence totalitaire de la séduction ». Je n'ai rien compris. Pourtant, cette personne avait accompagné sa trouvaille d'un regard entendu qui supposait que la chose allait de soi pour les initiés.

Je n'avais pas été brutalisé ni mis en demeure d'accepter ce tutoiement sous peine d'être écarté. Il était venu dans la conversation, je ne l'avais pas refusé. Cela me paraissait, comment dire… impoli. Oui, c'est cela, mal élevé. Je n'ai ni la force d'âme ni une assez haute opinion de mon métier pour m'émouvoir que l'on me tutoie. D'autres l'ont refusé. Je n'ai pas le sentiment qu'ils soient plus libres ou tellement différents dans la pratique de leur profession. Le tutoiement était, à l'époque où j'ai commencé le journalisme politique, une convention. Arrivé tardivement dans cette spécialité, cela me parut une façon simple et peu coûteuse de m'intégrer plus rapidement à mon nouvel univers. Des hommes de mon âge proposaient naturellement de me tutoyer. C'était leur code, une façon de se rassurer sur leur interlocuteur. Je ne voyais pas l'intérêt de faire le malin en refusant. M'abriter derrière une neutralité outragée en brandissant ma carte de presse comme une gousse d'ail devant un vampire ? Un peu ridicule, non ? En tutoyant d'emblée, les hommes politiques imaginent créer une complicité qui les préservera de la critique. Ils croient vous faire entrer dans le cercle magique de la connivence. C'est leur problème. Pourquoi chercher à les détromper ? Le journalisme est aussi une science du camouflage.

3.

« Tu veux vraiment parler
de politique ? »

Mon premier contact disons un peu personnel avec Nicolas Sarkozy remonte au printemps 1999. J'ai dû le voir avant, mais je n'en ai pas souvenir. Je retrouve celui qui est alors Secrétaire général du RPR à Amiens où il doit prononcer un discours à huis clos devant des militants. Il a été convenu avec Franck Louvrier, son attaché de presse, que je ferai le trajet de retour avec lui dans sa voiture. Jusqu'alors, je ne crois pas lui avoir jamais parlé en tête à tête. Il me faisait la grâce de l'accompagner, de le voir « au travail », de m'approcher de la bête. Je connaissais la règle : lui seul en scène, et moi en spectateur choisi.

Ayant suivi, pour *Le Parisien*, la campagne de Jacques Chirac en 1995, je n'appartiens pas à son paysage. Je l'ai seulement rencontré au cours de petits déjeuners ou de déjeuners de groupe que les journalistes politiques dont la renommée n'est pas suffisante pour les rendre incontournables organisent pour partager leurs informations, parfois leur

ennui, et surtout leurs notes de frais. Nous imagi-
nions – ce qui est vrai – que nous serions plus
intéressants à plusieurs qu'individuellement. Cinq
journalistes pour le prix d'un en quelque sorte.
Une offre alléchante pour des politiques pressés. À
ces agapes, Sarkozy venait en général avec Cécilia,
rajoutant un couvert et un zéro à la note. Au petit
déjeuner, il s'empiffrait de yaourts, nous mettant
en garde contre les viennoiseries trop riches. Ayant
terminé, il laissait la table jonchée de petits pots
vides et disparaissait tenant la main de Cécilia,
happé par la porte tambour d'un grand hôtel. Parfois, il glissait à l'oreille de l'un de nous : « Elle est
belle ma femme, hein ? » Déjà, il mêlait considéra-
tions politiques et apartés personnels. C'était sa
marque, son style qu'il devait peaufiner par une
pratique inlassable au cours des années.

Nous avons quitté Amiens vers 22 heures. À
l'avant de la voiture (606 Peugeot, Safrane,
Citroën ? j'ai oublié), son habituel chauffeur. À
l'arrière, lui et moi. Il paraît exténué : « J'ai parlé
fort », dit-il. Tassé contre la vitre, je me demande
de quoi je vais l'entretenir. Philippe Séguin, le
RPR, Alain Juppé, Jacques Chirac, j'ai le choix. Il
laisse le silence s'installer entre nous et décroche
le téléphone de la voiture pour appeler Cécilia.
Ou plutôt il demande à son chauffeur de le faire.
Sans se soucier de moi, il parle à sa femme d'une
voix un peu susurrante, demande des nouvelles de
Louis, leur fils. Je pourrais feindre de regarder le
paysage, mais il fait nuit noire. Je fixe mon regard

sur la nuque du chauffeur jouant l'indifférence et la surdité. Quelques minutes passent ainsi. J'entends un « je t'aime » furtif. Il se tourne vers moi : « Tu veux vraiment parler de politique ? »

La question m'a peut-être soulagé. Un Paris-Amiens, même à 140 kilomètres à l'heure, peut être long. De quoi aurions nous parlé à la fin ? De l'UDF ? Des municipales à Paris ? Je n'avais pas d'article précis à faire, pas de « sujet » rentré. J'acceptais la proposition implicite. « Non, pas forcément. »

Et voilà comment Sarkozy entre dans votre vie et qu'on croit être entré un peu dans la sienne. De petites confidences en petites impudeurs, dans le noir total d'une berline luxueuse, cuir noir et épais accoudoirs. Il me posa des questions avec cet air de considérer mes réponses comme des révélations.

« Tu es marié ?

– Divorcé. Un enfant.

– Tu le vois souvent ?

– Toutes les semaines.

– Moi, quand je me déplace, j'envoie toujours une carte postale. »

J'imaginais qu'il n'avait ni à les acheter, ni à coller le timbre, ni à trouver une boîte aux lettres. Il devait confier ces tâches à son officier de sécurité ou à son chauffeur, se contentant de rédiger le texte. À ce compte-là, j'aurais été moi aussi le meilleur des pères.

Est-ce lui ou moi qui a le premier évoqué le fardeau de « la mauvaise conscience » ? Le remords de voir un fils grandir tous les huit jours et ces petites conversations au téléphone, forcément décevantes avec un enfant qui vous raconte sa journée sans entrain, simplement parce qu'il honore sa part de contrat. Sarkozy était à son affaire. Je lui avais donné les éléments qui lui permettraient à l'avenir de m'identifier, de me distinguer de la cohorte de mes confrères et consœurs. Je serais pour longtemps ce père divorcé à qui il demanderait des nouvelles de sa progéniture avec constance et, j'imagine, un peu de sincérité. Il ne faut jamais sous-estimer la sincérité chez Nicolas Sarkozy, moins transparent qu'il n'y paraît, mais moins compliqué aussi qu'il ne voudrait en avoir l'air.

Haïr Sarkozy, détester les journalistes

C'est ainsi qu'on se retrouve quelques années plus tard attrapé par les épaules – de préférence en public – et traité de « vieux compère » par le candidat et futur président de la République. « Compère », du latin *cum* (avec) et *pater* (père), c'est-à-dire, selon mon Petit Robert : « complice en astuces, en supercheries ». On voit déjà le tableau : Grand Gousier (c'est moi) et Gédéon (c'est lui), les deux mauvais génies de Pinocchio, version Walt Disney. Le pouvoir et la presse marchant main dans la main pour mieux berner l'électeur, parfaite illustration que toute complicité conduit à la compromission. Il avait même dit quelque chose comme : « Ce n'est pas mon vieux compère, Philippe Ridet, qui me contredira », ou bien : « Mon vieux compère Philippe Ridet vous le confirmera. » Quoi qu'il en soit, une phrase qui faisait de moi au mieux un mémorialiste, au pire un assesseur. Une autre fois, toujours avec cette manie de me prendre par les épaules, il avait dit à la cantonade : « Ah ! ce que c'est que la compromission de la presse et du pouvoir !... » C'était dans un avion de ligne où les journalistes et le candidat avaient trouvé refuge près des toilettes pour un « off » improvisé. Je surveillais d'un œil les passagers, craignant que l'un d'eux ne nous prenne en photo avec son téléphone portable et l'envoie à un site Internet qui la publierait illico.

L'heure était à la méfiance. La presse avait mauvaise presse. Pour un mot mal choisi, une attitude jugée trop neutre, une absence d'hystérie, nous étions catalogués dans un camp. Être photographié au côté de Sarkozy constituait en soi un délit d'opinion. L'époque était sans pitié. L'opinion avait été chauffée à blanc par François Bayrou et Ségolène Royal qui avaient fait des journalistes les alliés objectifs de leur adversaire au prétexte qu'il était l'ami des patrons des grands médias. Nous étions classés quelque part entre les prostitués et les contrôleurs des impôts. C'est-à-dire assez bas dans l'estime générale. D'une profession déjà déclassée, ils firent le bouc émissaire de leur échec, la source de tous leurs maux. Un peu facile et lourd de conséquence. La haine des ennemis de Sarkozy se tourna également vers ceux qui assuraient normalement le suivi de son activité de candidat, comme ils l'auraient fait pour n'importe quel autre. S'afficher avec Sarkozy ? Mais vous n'y pensez pas ! Il aurait fallu le voir avec des lunettes de soudeur sur les yeux, lui parler au travers d'un hygiaphone et lui serrer la main avec des gants de cuisine.

Dans la blogosphère où l'on s'imagine volontiers qu'il suffit de savoir se servir d'un ordinateur pour être journaliste, la presse fut accusée de tous les maux – elle l'est encore. Bayrou exclu dès le premier tour de la présidentielle ? La faute de la presse qui n'a pas voulu le considérer à sa juste valeur. Royal battue au second ? La presse, bien sûr, qui aurait trop insisté sur ses bourdes et son inorganisation. Il aurait fallu écrire que le premier était sans passé, vierge comme le poussin qui sort de l'œuf, et la seconde sans défauts. Bref, raconter des blagues pour blogueurs sans mémoire ni recul.

Sarkozy n'avait pas arrangé les choses, quoi qu'il en dise. En surjouant la complicité avec certains d'entre nous, même en y mettant une dose de malignité, il nous confrontait à la réprobation en nous ôtant les moyens d'y faire face. De ce point de vue, ce fut une campagne violente, passionnante à suivre, passionnante à décrire, mais elle nous entraîna dans son maelström. On fit de nous des acteurs tout en nous demandant de rester neutres. On nous accusa de parti pris, on nous somma d'être objectifs. Un impératif auquel s'ajoutait l'injonction de dévoiler nos arrière-cuisines, d'ouvrir grands nos placards et d'éclairer nos vestibules. Tout en confinant à la schizophrénie, l'exercice ne manquait pas d'intérêt. Nous avons fait de notre mieux, pas plus, pas moins. « Allez-y, faites votre joli métier », avait lancé Sarkozy goguenard, mal à l'aise et méprisant au journaliste de France 3 qui le premier l'avait interrogé sur le départ de Cécilia Sarkozy en mai 2005.

« Joli métier », vraiment ?

4.

Un cocktail à l'Élysée

Nous aussi nous avons eu droit à notre cérémonie. Après la famille, les collaborateurs, les députés amis, nous reçûmes finalement, à notre tour, une invitation à voir de près un vainqueur. 18 heures, le 21 mai 2007, précisait l'email que nous avions reçu. « Un apéritif amical, pour réunir tous ceux qui nous ont suivis », avaient prévenu les attachés de presse. Et de fait, il y avait du monde. Sarkozy n'avait pas fait de détail : journalistes, photographes, cameramen, techniciens avaient été réunis par la volonté du nouveau chef de l'État dans une sorte de défilé des métiers des médias. Une bonne quarantaine de personnes qui avaient en commun d'avoir mis leurs pas dans les siens depuis au moins les six derniers mois de sa campagne. Sarkozy manifestait ainsi sa reconnaissance aux « professionnels de la profession ». Allait-on nous décerner un brevet, une petite décoration, un compliment spécial comme en reçoivent les journalistes sportifs après dix, quinze ou vingt Tours de France ?

On nous fit entrer dans la salle des fêtes bien trop grande pour nous. L'équipe Sarkozy se mettait en place. Ses membres avaient encore, flottant sur leur visage, un reste de l'euphorie qui les avait saisis le 6 mai, comme une trace de bronzage deux semaines après des vacances à la mer. L'un d'eux s'étonnait : « Il n'y a que des militaires ici. C'est incroyable, je n'en ai jamais vu autant. » Yeux écarquillés, sourires incompressibles, ils jetaient sur les murs du palais des regards de touristes dans un hôtel quatre étoiles. Bientôt, l'habitude et la routine finiraient par avoir raison de cette fraîcheur, de leur étonnement. Ils s'habitueraient à ces fastes et finiraient par regretter qu'il n'y en eût pas davantage, pestant contre cette architecture biscornue qui les obligeait à parcourir des kilomètres de couloirs classés au patrimoine des Monuments historiques.

De notre côté, nous feignions une indifférence blasée. Nous avions connu ces murs en d'autres circonstances. 14 Juillet, cérémonies des vœux de janvier, remises de décorations diverses : l'Élysée était un lieu de travail et nous avions à cœur de le montrer par notre apparent détachement. Les locataires passaient, nous gardions nos entrées. N'empêche, plus d'un s'imaginait avoir gagné un nouveau statut social ou de nouvelles perspectives de carrière en s'étant glissé dans le sillage du vainqueur. « Journaliste accrédité à l'Élysée » – expression impropre puisque aucune accréditation n'est nécessaire – est encore considéré comme une promotion.

Quand il est arrivé, précédé de ce « Monsieur le président de la République » annoncé par un huissier en habit, il s'est avancé vers nous en chaloupant, l'épaule droite semblant comme toujours anticiper le mouvement de la jambe. Il avait ce costume d'un bleu profond d'Al Pacino dans *Le Parrain 2*. Sa coupe ajustée annonçait le nouveau style du président : près du corps pour gagner en minceur ce qui lui manque en hauteur. C'est un progrès quand on y pense. Qui n'a pas vu Sarkozy dans des vestes trop épaulées et trop longues, ne sait pas ce que c'est que le mauvais goût. Suivre un candidat, c'est aussi s'attarder à ces détails. Ils ne servent à rien, sont rarement mentionnés dans un papier, mais ils encombrent votre mémoire. Vient un jour le moment de s'en débarrasser. C'est fait.

« Non, pas la salle des fêtes. Vous n'avez rien trouvé de plus intime ? » Saisissement des huissiers, sourires des journalistes tout contents d'assister à la confrontation en direct du style Sarko et des usages compassés de la maison. Un micro avait été mis en place, sur lequel il jeta un regard de mépris. Sans doute était-ce l'usage avant lui, quand Chirac et Mitterrand s'adressaient à la presse. Ce ne serait pas le sien. Il déclinait la rupture jusque dans les détails. À sa suite, on se mit à la recherche d'un autre salon du rez-de-chaussée, plus petit mais guère plus intime. « Celui-ci ira très bien », dit-il en avisant un dont les portes-fenêtres s'ouvraient sur le jardin.

41

Qu'avait-il à nous dire ? Quel était le statut de cette entrevue ? Qui étions-nous, un public à convaincre ? des juges à corrompre ? les témoins de son ascension qu'il voulait associer à sa victoire ? Tout cela à la fois, comme toujours. Lui-même marchait sur des œufs. « Je voulais vous remercier, commença-t-il. Vous remercier pourquoi ? Je n'ai pas eu que des satisfactions avec vous. » Sourire d'ironie. Il évoqua la « fatigue » de cette longue campagne, parla même de nos « familles » dont nous nous étions éloignés pour le suivre, comme s'il s'agissait d'un sacrifice qu'il nous avait arraché et non pas d'une obligation professionnelle consentie. « Remercier un journaliste, comment faire ? » s'interrogea-t-il, entrevoyant toute l'ambiguïté de la situation. Comme toujours, l'ironie se chargea de balayer la gêne : « J'avais peur que vous ayez le baby blues. »

Il ne se trompait pas. Une campagne électorale est une forme itinérante de colonie de vacances, le travail en plus. Depuis décembre 2004 et son intronisation à la tête de l'UMP, nous avions fait de son agenda le nôtre, calant notre temps libre sur ses rares temps morts. Peu à peu, cette contrainte s'est changée en plaisir : celui de retrouver dans les gares et les aéroports, notre valise à la main, les confrères et les consœurs qui, au fil du temps, étaient devenus des amis. Famille recomposée, nous ne nous étions pas choisis mais nous savions vivre ensemble. Il y eut entre nous beaucoup de tact.

La métamorphose s'opérait sous nos yeux : le candidat, transformé en président, était déjà ailleurs. Saoulé par sa victoire dont il ne semblait pas encore s'être remis, un peu fébrile comme au matin d'une gueule de bois, il voulait à tout prix nous montrer qu'il avait eu raison contre nous. « Par ma faute, vous vous êtes beaucoup trompés », lâcha-t-il. Un peu plus tard, il développa : « Cela ne servait à rien de voir les journalistes, vous aviez vos idées préconçues. Pendant que je ne vous voyais pas, moi, je m'occupais des électeurs. La seule explication qui vaille, c'est le résultat. À quoi ça sert d'expliquer ? À rien du tout. »

C'est une tactique récurrente chez lui : prendre les journalistes pour des ennemis en puissance, de mauvais pronostiqueurs, des contradicteurs par principe. Toute la presse avait annoncé sa victoire au point de subir le reproche durable de l'avoir faite et lui, contre toute logique, prétendait qu'elle n'avait fait qu'entraver ses desseins. Ainsi n'avait-il pas seulement triomphé de Ségolène Royal et des chiraquiens, de la gauche et d'une partie de la droite qui avaient vu en lui rien moins que le diable, mais également du système médiatique, des journalistes dont il n'oubliait pas les papiers critiques, comme si les bons – et il y en eut – allaient de soi. « Toute la presse est contre moi, avait-t-il souvent confié pendant cette campagne, même TF1 ! » Quoi TF1 ? la chaîne de son ami Martin Bouygues, le parrain d'un de ses fils ! Plus de six mois plus tard, il croyait encore à cette fable : « La presse, globalement, a été opposée à ma candidature. C'est son droit. Dire qu'elle m'a aidé, c'est à exploser de rire », dira-t-il dans un entretien au *Nouvel Observateur* du mois de décembre. À croire que la blessure était profonde même si on ne voit pas très bien ce qui l'a causée.

Je fus longtemps en butte à ses sarcasmes pour avoir écrit qu'il devrait un jour composer avec son camp, gommer les angles de sa personnalité et de son programme pour devenir le point d'équilibre de son parti. Bref, se banaliser. Ce fut tout le contraire. « Qu'est-ce que tu disais déjà ? Que j'allais m'affadir ! » La remarque ne passait pas. Une autre fois, il me demanda sur un ton de sarcasme qui est chez lui la marque de l'ironie, de reconnaître que je m'étais « vautré lamentablement » dans mes articles le concernant. À part ça, il continuait de dire qu'il ne lisait plus les journaux parce que les « mauvais papiers le déprimaient et que les bons risquaient de lui donner la grosse tête ».

« Cette campagne, je l'ai voulue comme un vrai moment de politique, continua-t-il, pour le cas où on le prendrait pour un amateur. Elle a été l'incarnation d'un choix soutenu par une analyse. J'ai pris des risques, mais de manière très réfléchie. Il n'y aura aucun renoncement. Vous croyez que je n'ai pas retenu la leçon de 1995 ? » Une allusion au changement de cap de ce mois d'octobre où Chirac élu six mois plus tôt pour réduire la fracture sociale avait trouvé plus urgent de réduire les déficits. « Ce fut une campagne heureuse », dit-il encore. Je notais ces quelques phrases, d'abord masqué par le dos d'un confrère, ne sachant pas encore très bien s'il s'agissait de confidences publiables ou non.

Sur le fond, il n'y avait rien de changé. Au cours de ces conversations à bâtons rompus dans le carré d'un TGV ou dans un avion, nous avions tous eu notre content de confidences : il était fier de lui et se prenait pour le meilleur, et nous pour des imbéciles tout juste bons à le critiquer. Mais aujourd'hui, c'était la parole du président, une de ses premières sorties, ça pouvait servir. Il n'avouait qu'une erreur : « Avoir parlé de l'ouverture trop tôt au cours de la campagne. On ne m'a pas compris. Cela a été perçu comme politicard. Mais j'irai encore plus loin après les législatives, reprit-il. Moi je préfère que les Français choisissent d'abord le système de jeu, puis l'équipe. C'est la seule stratégie possible. »

« Système de jeu », « équipe ». Sarkozy a toujours été à l'aise dans la métaphore sportive. Ainsi commenta-t-il le débat d'entre les deux tours comme un athlète qui revoit les images de son exploit : « Le soir, je pense que j'ai gagné. Je suis tranquille. Les commentateurs ont vu au mieux un match nul. Mais d'après les sondages, les Français n'ont pas vu le même débat. Tout le charme de Ségolène Royal, c'est sa gentillesse, mais ce soir-là, elle est apparue méchante. Dès qu'il y a des difficultés, elle pioche, elle se durcit. » Alors que les sondages l'avaient régulièrement placé en tête, il s'imaginait dans la peau du coureur cycliste Greg LeMond qui, en 1989, avait gagné le Tour de France de huit secondes après un ultime contre-la-montre sur les Champs-Élysées devant le favori Laurent Fignon : « Fignon avait déjà préparé son interview », se souvenait le président. Ce n'était déjà pas assez qu'il assure avoir la presse et la gauche contre lui, il lui fallait encore avoir triomphé en outsider. Pour être fausse, cette affirmation en disait tellement. C'était comme si cette victoire vengeait des humiliations d'enfance, des illusions de gloire sportive que son physique ne lui avait pas permis de concrétiser. Rêvant de remporter le Tour, il était devenu président de la République sans que cela paraisse l'avoir apaisé.

Il parla encore ainsi une dizaine de minutes plus occupé de ses mérites que de nos questions. Il n'évoqua qu'une seule fois Jacques Chirac qu'il avait raccompagné le jour de la passation de pouvoir jusqu'à la portière de sa voiture dans la cour de l'Élysée. Les caméras avaient saisi l'apparence d'un bref dialogue entre eux. De quoi avaient-ils parlé ? Sarkozy raconte : « Je lui ai dit : "Je pense à 1975 à Nice." Chirac me dit : "Figure-toi, moi aussi." Et moi je dis : "Ce n'était pas écrit qu'il y avait deux futurs présidents de la République à la même tribune." » Le nouveau président avait parlé de lui, comme toujours. Pas un mot de la vie qui attendait l'ancien chef de l'État, pas une parole de compassion. Ce retour sur le passé, c'était un peu d'acide versé sur la blessure de Chirac qui n'a jamais pu entraver durablement la marche de son cadet. Tout avait commencé ce jour-là lors de l'université d'été des jeunes RPR, à Nice. La geste sarkozienne fait remonter à cette journée particulière la naissance de son destin politique. « C'est toi Sarkozy ? lui avait demandé le chef de l'État alors que son cadet de vingt ans s'apprêtait à faire son premier discours dans une enceinte politique. Tu as dix minutes. » Désormais, c'est le nouveau président qui règle les pendules.

Ensuite ce furent orangeade et petits fours. On sortit sur le perron. Pas pressé, Sarkozy nous accompagna. Se fit photographier. Échangea quelques mots. Il dit son regret de n'avoir pu installer son bureau au rez-de-chaussée de l'Élysée, « parce que, moi, j'aime les jardins ». Il salua et partit comme à regret. Plus tard, dans un café de la rue La Boétie, avec Bruno Jeudy (*Le Figaro*), nous relûmes nos notes, retrouvâmes les mots qui nous manquaient. Une phrase m'avait marqué : « président de la République, c'est plus lourd que ministre de l'Intérieur. » Je soulignai le mot « lourd » : ça aussi, ça pouvait servir.

Nouvelles confidences, nouveaux calepins

Voilà qui ressemblait à un nouveau style de présidence. Décontracté et ouvert avec la presse. Moderne, peut-être. Après ces années où Mitterrand et Chirac avaient réservé leurs confidences à quelques privilégiés triés sur le volet, la rupture était notable. Le nouveau président ne semblait pas faire de différence entre les actionnaires des groupes de presse, les sans-grade et les patrons des rédactions. Entre les éditorialistes de renom et les soutiers de l'info. Il s'était même engagé à multiplier les conférences de presse, ne comprenant pas que cet exercice tant prisé par le général de Gaulle ait été peu à peu délaissé par ses successeurs. Lui se sentait de taille à égaler voire à surpasser les performances du Général. Pour plusieurs d'entre nous, cette promesse incitait à se tenir quelque temps encore dans la suite du président après avoir été dans celle du candidat. L'information promettait de couler à flots. Nous avions fait provision de nouveaux carnets à spirales pour y accueillir de nouvelles confidences.

Comment aurions-nous pu en douter ? Quelque temps plus tard, quatre journalistes déjeunent avec David Martinon qui vient d'être nommé porte-parole de l'Élysée. À la fin du repas, son téléphone sonne. Le conseiller s'éloigne pour parler en toute discrétion. Quand il revient à la table de ses hôtes, il lance avec le maximum de naturel : « Ça vous dirait d'aller prendre le café avec le président ? » Tous ont accepté, évidemment.

Ludovic Vigogne a raconté la scène dans *Le Parisien*. Le président est dans son bureau, un cigare à la bouche, une boîte de chocolats ouverte devant lui. Le second tour des législatives a été moins bon qu'annoncé, en partie à cause du débat sur la TVA sociale. Mais il élude et bombe le torse : « Pourquoi

48

cela n'irait-il pas ? J'ai gagné pas une, pas deux, pas trois, mais quatre élections différentes. Il y a deux élections difficiles dans le monde : l'élection américaine et l'élection présidentielle française. En Grande-Bretagne, en Italie en Allemagne, il n'y a qu'un tour », lâche-t-il entre deux bouffées de havane. Le cigare atteste de sa décontraction. « Si je ne suis pas détendu, je ne fume pas, cela me donne mal à la tête. » Pour un peu on imagine la scène. Sarkozy a déjeuné d'un yaourt dans son bureau, a grignoté des chocolats. Il se sent bien et veut le dire. Il se compose une attitude puis se demande à qui il pourrait offrir le spectacle de lui-même. Quatre journalistes sont dans les parages de l'Élysée. Voilà, se dit-il, j'ai mon public.

La représentation se poursuit. Alain Juppé battu en Gironde a été obligé de démissionner de son poste de ministre de l'Écologie. Le seul poids lourd du gouvernement le quitte. Sarkozy n'a pas un regret. « Le dernier dinosaure du chiraquisme », ironise-t-il sur celui dont il avait pourtant dit pendant sa campagne que son « talent » était indispensable. Mais la campagne est loin. Son nouveau jouet désormais, ce sont ses ministres femmes. Il répète leurs trois noms comme un mantra : « Rachida, Rama, Fadela. » Il rode ses futures interventions. À propos de la garde des Sceaux, il dit : « Quand je l'ai vue au Conseil supérieur de la magistrature, assise dans son fauteuil rouge, seule femme au milieu de tous ces hommes, j'ai été ému. » Ému par quoi ? Par sa propre audace peut-être. « Il y aura deux femmes noires sur la scène internationale, s'enthousiasme-t-il. Rama Yade et Condi Rice. » Il est leur Pygmalion, leur imprésario, leur manager. À Rama Yade, secrétaire d'État aux Droits de l'homme, il confie avoir dit : « Je t'ai trop vue ces derniers temps à la télévision, je veux que tu refuses neuf propositions sur dix. » Avec Christine Lagarde qui vient d'être nommée ministre des Finances, il joue les coachs, évaluant sa meilleure athlète : « Si elle écoute mes conseils, elle va exploser. »

On l'a compris, le président est content. De lui, de ceux qu'il a choisis, de son style. Dans sa volonté de marquer son début de mandat et d'effacer Chirac des mémoires, il est prêt à « tout changer ». N'y aurait-il plus de sujets tabous ? Même le nom de son épouse est évoqué pour mieux démentir cette rumeur lancinante de dissensions au sein du couple. « Cécilia et moi, dit-il, on est jugés à l'aune des fantasmes et pas de ce que l'on est. Alors on se tait. » Âge d'or du sarkozysme naissant où le chef de l'État n'a pas encore choisi définitivement entre le candidat qu'il a été et le président qu'il est devenu. Plus tard, ceux qui ont assisté à cette scène pourront dire : « J'y étais. »

Voilà, c'était tout pour cette séance. Sarkozy reconduisit son public à la porte de son bureau. Mes confrères n'en croyaient pas leur chance. Un déjeuner avec Martinon transformé en pause-café chez le nouveau président. Oui, vraiment, ce quinquennat promettait. J'imagine sans peine leur jubilation alors qu'ils descendent les escaliers de l'Élysée que l'ombre recouvre déjà. Leur bonne fortune incita les autres à tenter leur chance. Le porte-parole de l'Élysée fut dès lors très demandé, courtisé non pas tant pour ses propos et ses analyses dont nous pensions encore pouvoir nous dispenser, que parce qu'il détenait désormais une clé d'accès au chef de l'État.

5.

Cécilia ou le circuit de la rumeur

« Cécilia est à nouveau partie. » Ce 7 octobre 2007, c'est un ami du journal qui m'informe. Il dit tenir la nouvelle de l'avocat de Sarkozy lui-même. C'est peut-être la dixième fois en deux ans que j'entends une pareille phrase. J'ai cessé de vérifier. Appeler l'Élysée ? Je recevrais la même réponse : « Je ne sais pas », ou alors : « Ça m'étonnerait, je l'ai encore vue hier. » Avec un peu de chance j'obtiendrais un : « Moi, je ne m'occupe plus de ça », dit sur un ton de lassitude dans lequel je peux percevoir un mince début de confirmation ou l'indice que les allers et retours de l'épouse du président sont une épreuve pour son entourage et un délicat exercice de communication. J'appelle des confrères et consœurs qui me disent avoir entendu la même rumeur. Chacun attend que l'un d'entre nous se lance et publie la nouvelle, dans le cas où elle serait confirmée. Certains attendent qu'un journal peo-ple, un quotidien étranger ou un site Internet la sorte sans autre précaution. Il suffira de la reprendre ensuite en s'abritant derrière un « selon le... » pour la commenter, à défaut de la confirmer. Ce système de « blanchiment » d'information, assez efficace, a déjà fait ses preuves.

Le « départ de Cécilia » est devenu en soi un genre journalistique depuis mai 2005, date de la première fugue. Ce jour-là, elle a claqué la porte à une semaine du verdict de la campagne sur le traité européen rejeté par les Français. On s'aventure dans cet exercice avec une prudence de Sioux quand on ne fait pas tout simplement le choix du silence. Il faut savoir manier le conditionnel et les propos anonymes. Pas un « accrédité » à l'Élysée qui ne redoutait le moment où il faudrait en parler. Cette rupture était inscrite en pointillé dans le quinquennat de Nicolas Sarkozy. Quand ? Comment ? Peu importe, chacun de nous sait qu'il devra un jour s'y confronter. Son mari a tout fait pour mettre Cécilia en valeur. Il a jeté sur elle des regards émerveillés. « Vous avez aimé Jackie Kennedy, disait-il, vous adorerez Cécilia Sarkozy. » Il lui a abandonné la tête de la plupart de ses proches conseillers qu'elle jugeait peu fiables, jusqu'à celle de son barde, le chanteur Didier Barbelivien qui a été prié de pousser la ritournelle ailleurs que sous les fenêtres du 55, rue du Faubourg-Saint-Honoré. Il l'a mandatée, contre toute prudence, pour délivrer les infirmières bulgares et leur médecin des geôles libyennes où ils croupissaient depuis six ans. Elle en est revenue auréolée de gloire, mais son air de tristesse hautaine ne l'a pas quittée pour autant.

Elle s'ennuie, doute, se cherche. On ne lui a donné qu'un bureau, certes avec conseiller diplomatique et attachée de presse particulière, alors qu'elle voulait un rôle.

Moi-même, je n'ai guère été brillant lors de mes précédents essais pour couvrir les allers et retours de son épouse. En mai 2005, j'ai laissé passer quarante-huit heures avant d'en parler. La nouvelle m'était parvenue le dimanche après-midi d'une consœur qui me dit l'avoir entendue la veille lors d'une réunion du parti socialiste. On y racontait que Cécilia était partie depuis deux jours avec un publicitaire. Le nom de Richard Attias, l'un des patrons de Publicis, n'était pas encore confirmé. J'appelais les habituels réseaux sarkozystes : aucune confirmation. Certes il avait annulé son intervention prévue le soir même sur TF1 à cause d'un « coup de fatigue ». Un de mes interlocuteurs me le décrivit même chez lui, en peignoir, avec des lunettes noires. « Tu sais, ces fameuses migraines. Tu as dû déjà les voir. »

J'avais déjà vu, il est vrai, Sarkozy devenu soudain mutique ou au mieux monosyllabique, réfugié au fond d'un avion, les yeux masqués par ses Ray-Ban, enfermé dans sa douleur et indifférent à toute sollicitation. Mais Sarkozy, ouvrant la porte de son appartement en peignoir, un dimanche de mai ? La description dans laquelle apparaissaient les signes d'une dépression carabinée aurait dû m'alerter et me faire douter de sa véracité. Je me contentais de la version officielle, faute de m'en faire confirmer une autre. À mes supérieurs qui m'appelèrent, je conseillais de ne rien faire pour l'instant. Mon raisonnement était le suivant : 1. Sarkozy annule son émission parce qu'il est fatigué par la campagne du référendum sur le traité européen (version officielle, mais je n'en avais pas d'autres). 2. Pas de nouvelles de Cécilia, ils se sont peut-être disputés (ce que disait la rumeur), mais cela fait-il un sujet ?

Je dois à ce stade confesser que, par expérience et par tempérament, je me refusais à croire qu'une rupture puisse être définitive. Je connaissais les intermittences du cœur. La suite ne m'a pas donné tout à fait tort. Cécilia est revenue, puis repartie, puis revenue, puis... Quand France Inter ouvrit son journal le lundi matin avec la nouvelle de la disparition de Cécilia, je n'y croyais pas encore tout à fait. Plus tard, j'ai relaté son premier retour en janvier 2006. Mais j'ai omis de faire part de son nouveau départ à la fin de ce même mois. On me le reprocha, me soupçonna de vouloir taire ce qui pouvait nuire au futur président de la République. La réalité était, comme toujours, plus prosaïque. J'avais tout simplement perdu le fil de cet amour compliqué.

Cinq heures du soir, rue La Boétie

C'est une fin d'après-midi d'hiver de janvier 2005, à Paris : la nuit à cinq heures du soir, une pluie drue en guise de neige qui fait oublier qu'ailleurs de vrais hivers existent. Sarkozy, qui venait de prendre la présidence de l'UMP, m'accueillait pour la première fois dans son bureau rue La Boétie, au septième étage du siège de l'UMP. Je pris place dans un fauteuil de cuir installé dans une sorte de véranda attenante à son bureau proprement dit qui surplombait le vide d'une cour intérieure. La décoration n'était pas de lui, il en avait hérité d'Alain Juppé, son prédécesseur à la tête du parti. Le seul legs qu'il acceptait. Elle visait à créer une atmosphère de chaleur qui manquait tant au maire de Bordeaux : teintes fauves et lumière tombant en nappe orangée du haut des abat-jour. Bien sûr, c'était raté. Il y manquerait toujours ce qui manque à ces lieux de transit, la patine du temps, l'empreinte d'une âme, une odeur de tabac. Visiblement, Sarkozy non plus n'avait pas l'intention d'y faire long feu, ce n'était qu'une étape stratégique vers une destinée qu'il imaginait autrement plus passionnante. Les livres, dont un ouvrage sur de Gaulle, dans la bibliothèque, n'étaient pas faits pour être lus mais pour être vus ; ils faisaient partie du cadre. Visiblement, le nouveau maître des lieux n'avait touché à rien, réservant ce soin à son successeur.

Il devait, le lendemain, présenter ses vœux à la presse et m'avait reçu, représentant du *Monde*, pour me donner la primeur de ses annonces. Professionnel, il savait qu'en offrant au quotidien du soir les grandes lignes de son intervention du lendemain, il s'offrait en retour une manchette à coup sûr, ou du moins un titre de une, en échange d'une exclusivité de quelques heures. En une demi-heure, sans que je pusse lui poser une seule question, il développa les principaux points de son laïus. Je serais confronté à ce procédé à chaque interview. Pour être certain de ne pas perdre le fil de son exposé, il attaqua par une longue tirade, sans aucune pause dans l'ordre qu'il avait prévu. Toutes ses propositions était incluses, de la plus importante à la plus subalterne. De temps en temps j'essayais de l'interrompre. Il répondait : « Attends, attends, je finis ! » Nouvelle tentative et nouvelle réponse : « Je fais comme ça, parce que c'est plus clair. Après, tu arranges comme tu veux. » Professionnel et expéditif.

À la fin de notre entretien, Cécilia passa une tête par la porte du bureau, fit un pas en arrière en m'apercevant. Sarkozy : « Entre Cécilia. Tu connais Philippe ? » Vague hochement de tête. Je l'avais entrevue à quelques reprises, sans que jamais je ne puisse me départir de la timidité que provoquaient sa taille et son impression d'être perpétuellement ailleurs. Elle entra. J'eus droit, en direct, à une grande démonstration de tendresse entre les deux. Comme toujours, c'est lui qui était à l'initiative. Baisers rapides. Il tournait autour d'elle, lui donnait du « Chérie » tous les deux mots. Et tout à coup : « Et si on invitait Philippe à dîner un soir avec sa femme. Ce serait une bonne idée non ? »

Non ! J'imagine la scène, ou du moins, je ne parviens pas à l'imaginer. Ma femme et moi dans leur salle à manger. Je ne perçois que nos silences. Je l'entends déjà, lui, pérorer, vibrionner, parler de lui. Je la vois trop, elle, silencieuse, les yeux dans le vague, chipotant dans son assiette, écrivant des SMS, nous laissant nous enliser dans une conversation de plus en plus décousue, de la politique au football, du football au cyclisme, « cette école de vérité », du cyclisme à la variété française. Peut-être qu'à la fin nous aurions écouté Radio Nostalgie en lisant *L'Équipe*? Un silence passe. « Pourquoi pas », dit Cécilia, hautaine, le regard fixé sur une ligne passant exactement entre mon dos et le mur du fond, dans un angle mort. Elle tourna ses talons plats : « À tout à l'heure. » Et lui : « À tout à l'heure, chérie. »

Nouilles chinoises

D'un hiver l'autre. Cette fois, c'est un samedi matin parisien, vif et transparent, de décembre 2005. Presque une année a passé depuis notre rendez-vous et le candidat, à mon grand soulagement, n'a pas donné suite à sa proposition de ce dîner de couples. Comme il en a pris l'habitude une semaine sur deux, Sarkozy vient de prononcer un discours face aux nouveaux adhérents de l'UMP. C'est la messe païenne de la droite. Dès 10 heures, une file de militants s'étire le long de la rue La Boétie et tourne à droite dans l'avenue Percier. Il y a quatre ou cinq cars de police sur place et une des entrées du métro Miromesnil est fermée au public par mesure de sécurité. Souvent on aperçoit un officier supérieur, l'air affairé, avec des broderies plein sa casquette : c'est le moment de se placer, d'espérer un avancement. Ensuite, les militants patientent sagement, compressés et heureux, jusqu'à l'arrivée de leur idole dans l'étuve de la salle Gaveau. Parfois, l'un d'entre eux s'évanouit comme dans une cérémonie vaudoue.

Le candidat sait varier les genres : one-man show, duo avec François Fillon, récital avec, en vedettes américaines, le chanteur Faudel ou l'imitateur Gérald Dahan. Ne manquent que les clowns et le montreur de chiens. C'est un spectacle complet ; le public, qui parfois a fait le voyage à Paris depuis la province, doit être récompensé de son effort, et ressortir de là des étoiles plein les yeux et la tête chavirée de promesses. Le discours épouse l'actualité. Sur scène, Sarkozy rend coup pour coup à la gauche ou aux chiraquiens. C'est là, dans ce laboratoire de la salle Gaveau, sur la scène de cette salle de concert de musique de chambre qu'il a rodé, une année durant, les grands shows de sa campagne dans des Zénith archicombles. Alors que les socialistes se cherchent encore un leader, il a déjà compris, aux réactions de la salle, quels thèmes il devait marteler, lesquels ne passaient pas la rampe. Il a trouvé son ton entre envolées lyriques et apartés gouailleurs. À la fin du spectacle, les seconds couteaux jouent des coudes pour être sur la photo. Les femmes ont plus de chance. Moins nombreuses que les hommes à vouloir entourer le candidat, elles ont statistiquement davantage d'espoir de parvenir jusqu'à lui. Il en faut, pour équilibrer l'image, au moins deux : une à droite, l'autre à gauche. Un jour, Patrick Devedjian, le futur président de l'UMP, m'expliquera : « À ce jeu-là, Michèle Alliot-Marie est la plus dangereuse. Elle donne des coups de pied dans les mollets. »

À la sortie, alors que les militants se dispersent, nous traînons, dans l'attente de le voir, de glaner une confidence, le « off » qui fera la différence. Une fois ou deux, il nous a reçus dans un salon de l'UMP. Mais ce matin-là, pas de Sarko. Alors que je me dirige vers le métro Miromesnil, je reçois un appel de Franck Louvrier, son conseiller en communication : « Nicolas va déjeuner chez Tong Yen, avant de partir en Arabie Saoudite. Il a invité quelques personnes. Tu viens ? » Tu parles, j'accours !

Arrivant devant ce restaurant asiatique réputé dans la classe politique pour sa proximité avec l'Élysée, première surprise. Sort du taxi la journaliste du *Figaro* avec qui il partage désormais, sinon sa vie, du moins une partie de son temps. Nous nous connaissons depuis la campagne de Chirac en 1995. Ni l'un ni l'autre ne feignons notre étonnement ni notre gêne. Question : que fait-elle là ? Question subsidiaire : que fais-*je* là ? Le déjeuner se tient à l'étage. Nous y retrouvons Franck Louvrier, Laurent Solly, chef de cabinet, Frédéric Lefèbvre, conseiller parlementaire qui porte les cheveux longs comme John Travolta dans *Pulp Fiction,* et Pierre Charon, surnommé conseiller « rires et chansons » parce qu'il a de l'humour et connaît les vedettes.

Les souvenirs de ce déjeuner sont un peu brumeux. La jeune femme et les conseillers font allusion à des soirées qu'ils ont passées ensemble. Ils semblent se fabriquer un passé au plus vite. Ils rient beaucoup, ont le même âge pour certains d'entre eux, la même aisance sociale. Mais il leur manque encore cette intimité que seul le temps peut offrir, quelques années de connivence pour être moins démonstratifs dans leur comportement et véritablement amis. Charon met sa serviette sur la tête pour imiter je ne sais qui, peut-être un prince arabe. Quand Sarkozy arrive, il s'assied en face de sa nouvelle conquête. Lui prend les mains à travers la table mais parle peu. Il sourit. Je pense à une scène de *L'Amour conjugal* quand Jean-Pierre Léaud, amoureux d'une Japonaise dont il ne parle pas la langue, ni elle la sienne, téléphone à son épouse pour lui dire qu'il n'en peut plus de sourire. Nous commandons beaucoup trop de choses à manger. Le candidat regarde à peine la carte et dit, indifférent aux conseils de la patronne, « la même chose que la dernière fois ».

Puis, son portable à l'oreille, il file dans la cuisine. Il fera ainsi plusieurs allers et retours, reprenant à chaque fois les mains de la journaliste et se remettant à sourire mécaniquement, ignorant ses nouilles chinoises qui refroidissent et s'agglutinent dans son assiette. Je comprends, aux conversations des uns et des autres, que Sarkozy est en ligne avec Cécilia, puis avec sa mère : il faut trouver un point de chute pour le petit Louis pendant les vacances de Noël dont il veut passer une partie avec la jeune femme. Ordinaire des couples divorcés, petite cuisine de l'amour mort. À nouveau des questions : pourquoi l'a-t-il conviée à déjeuner, si c'est pour ne pas lui parler ? Veut-il lui prouver, en la prenant à témoin des efforts qu'il déploie pour éloigner son fils, qu'il tient à elle ? Et nous, sommes-nous là pour la divertir pendant qu'il fait autre chose ? Et moi ?

J'abrégeai le repas, prétextai un rendez-vous et ressortis à l'air libre. Je n'avais pas l'usage de cette heure passée dans un restaurant parisien avec un candidat qui se donnait ainsi en spectacle. Le futur président vivait une « love affair » avec une journaliste ? L'information faisait le tour des rédactions. Il avait un souci de garde d'enfant ? Et alors ? Toute information mérite d'être publiée argueront blogueurs et internautes, ces nouveaux ayatollahs du journalisme qui s'imaginent qu'on écrit toujours moins que ce que l'on sait. Que la presse est par nature euphémistique. Que la connivence entre les journalistes et le monde politique repose d'abord sur un petit tas de secrets partagés qu'il faudrait porter à la connaissance du public pour purger le système. J'imaginais le titre du papier que j'aurais pu écrire pour *Le Monde* : « Dans un restaurant asiatique, le président de l'UMP organise ses fêtes de fin d'année avec sa nouvelle compagne ! » Bref, ça ne tenait pas debout.

Épilogue. Sarkozy l'emmena ensuite en vacances une semaine à l'île Maurice, lui offrit une bague en diamants et la quitta au retour pour accueillir, le

2 janvier sur le tarmac de l'aéroport, son épouse rentrant de New York. Il y eut d'autres départs, d'autres retours. Je ne revis Cécilia qu'en septembre 2006, dans le hall de l'hôtel Sofitel de Marseille, lors de l'université d'été de l'UMP. Elle s'apprêtait à partir dîner avec son mari et attendait sa voiture. Les conseillers de Sarkozy, autrefois si soudés, presque interchangeables, s'étaient distribués aux quatre coins du vaste hall. Il me sembla qu'il ne restait plus rien du fil qui les avait unis. Cécilia m'embrassa sur les deux joues. Elle portait un pull en cashmere noir très doux. Je lui dis : « Il est très doux ce pull. » Cette réplique de publicité pour assouplissant fut la dernière phrase que j'échangeai avec elle. J'appris ensuite, par l'indiscrétion d'un ami d'ami, qu'elle ne m'aimait pas. Mais cela n'avait déjà plus d'importance.

6.

Le club des réprouvés

La terrasse du restaurant Chez Françoise, au sous-sol de la gare des Invalides dans le 7e arrondissement de Paris, est sûrement l'endroit le moins romantique qui soit. La vue donne sur un morceau de route surgissant d'un parking souterrain que peine à masquer une rangée de thuyas faméliques plantés dans des pots en ciment. Y déjeuner n'est pas non plus une expérience inoubliable, mais j'aime y aller. Descendre les escaliers, m'installer à une table en attendant mon hôte, devant un verre de vin blanc et une assiette de rondelles de saucisson et reconnaître aux tables voisines un député, un confrère. C'est un lieu de pouvoir en perte de vitesse. Les nouvelles tables parisiennes où il faut être vu sont mieux exposées, mieux décorées, plus chic. Chez Françoise, on côtoie des élus anonymes ou presque ou bien d'anciennes vedettes de la politique qui continuent de fréquenter l'établissement par habitude et parce qu'ils ne se sont pas rendu compte que la mode avait changé. Tiens, voilà

Michel Rocard qui déjeune seul, en compagnie du *Monde* et d'une bouteille de vin blanc. On le prendrait presque pour un pensionnaire, ou un voyageur de commerce jeté là par le hasard de sa tournée ou sur l'indication d'un guide rouge millésimé. Bêtement, l'image m'émeut : il n'y a pas de vie après la politique.

Ce jour-là, j'ai rendez-vous avec Pierre Charon. Rond et caustique, il a pour spécialité de parler franchement de Sarkozy qu'il conseille depuis les années quatre-vingt. À dire vrai je n'ai jamais très bien compris la nature de son travail. « Je suis son œil dans le Paris qui pétille », dit-il. Introduit dans le milieu de la télévision, des acteurs et des vedettes, il estime lui avoir ouvert les portes du show-biz. C'est peut-être vrai. Il entretient également des liens étroits et réguliers avec la presse : grands patrons, et journalistes lambda, avec une prédilection pour les investigateurs. Il partage avec eux ce tic de parler vite et bas. La crainte des écoutes, sans doute. C'est en grande partie grâce à son influence qu'aucune photo n'est parue montrant Sarkozy en compagnie de la journaliste du *Figaro*. À l'époque, il lui suffisait d'insinuer que le futur président saurait se souvenir des mauvais coups qui lui seraient portés ; et menacer, disait-il, « d'envoyer du papier bleu ». De ses contacts variés, cet élu de Paris tire une masse d'informations dans lesquelles il est très difficile de faire la part du vrai et du faux. Il en résulte une impression d'être manipulé qui n'est pas forcément désagréable, pour peu qu'on se tienne en alerte.

Depuis l'élection de Sarkozy, on ne l'a plus revu. Disparu. Tout comme d'autres qui avaient constitué ce qu'on avait appelé alors la Firme en référence au livre de John Grisham, cette bande de conseillers cyniques et drôles, entre trente et quarante ans, que Sarkozy avait attachés à sa conquête du pouvoir[1]. Il existe une photo d'eux prise dans un salon du ministère de l'Intérieur, place Beauvau et parue dans la revue *Optimum*. À les voir, posant dans leurs meilleurs costumes, on dirait un défilé de mannequins, légèrement arrogants, très sûrs d'eux et de l'effet qu'ils produisent. Aujourd'hui, la plupart d'entre eux ont été, tels Laurent Solly, Frédéric Lefebvre et Jean-Michel Goudard, comme effacés de la photo… Cette dissolution de la Firme me fascine. Je ne parviens pas à comprendre comment Sarkozy, sitôt sa victoire acquise, a décidé de se séparer de ces gens-là avec qui il avait, malgré tout, partagé du bonheur. Il y a bien la pression de son ex-épouse, son désir de la reconquérir et de la rendre heureuse, mais cela ne suffit pas. S'il y a une violence dans la politique, c'est là que je la vois le mieux, dans cette déflagration volontaire. J'imagine qu'il faut aussi du courage pour couper ces liens que je croyais aussi sentimentaux. « Pas de petits sentiments », m'avait prévenu Sarkozy. Il avait tenu parole.

---

1. Voir aussi de Jean-François Achilli, *Sarkozy, Carnets de campagne*, Robert Laffont, 2006.

À l'été 2006, après le retour, qu'on pensait alors définitif, de Cécilia, les plus perspicaces avaient compris que plus rien ne serait comme avant. A-t-elle exigé, comme on me l'a raconté, que son mari coupe les ponts avec ceux qui avaient été les complices et les témoins de sa nouvelle aventure ? A-t-elle deviné qu'ils s'étaient montrés plus proches de la journaliste du *Figaro* qu'ils ne l'avaient jamais été avec elle ? Question de milieu, de style, de génération. Elle se souvenait de ceux qui l'avaient appelée lors de son exil américain. David Martinon et Claude Guéant, par exemple, avaient multiplié les petites attentions à son égard, des signes d'allégeance empressés. Elle n'oubliait pas ceux qui n'avaient rien fait, pensant – s'en réjouissant peut-être – que son heure avait passé et qu'une nouvelle ère s'ouvrait pour eux. J'avais remarqué l'euphorie de certains après la rupture du couple en mai 2005. Passé l'instant de sidération, ils avaient retrouvé la gaieté un peu potache d'une bande de garçons laissés sans surveillance. Ils avaient Sarkozy pour eux seuls ! Ils ne s'occupaient plus simplement de son agenda ou de sa communication mais aussi de son moral. Ils supportaient ses accès de mauvaise humeur et son injustice d'autant plus facilement qu'ils savaient que, le soir venu, c'est avec eux que le patron viendrait chercher sans le dire un peu de réconfort.

Et puis, l'épouse est revenue. Les tensions aussi. Le 4 septembre 2006, des conseillers se sont retrouvés dans le bureau de Brice Hortefeux, alors ministre délégué aux Collectivités locales, pour se plaindre de la place qu'elle prenait dans la campagne et demander des éclaircissements sur son rôle. Pendant l'été, Cécilia avait dressé la liste de ceux qu'elle voulait écarter, elle avait inventé un nouveau casting, de nouveaux mots d'ordre, une nouvelle organisation. Elle avait vu les failles de ce dispositif trop partisan, trop classique qui enfermait son mari dans un discours et une posture traditionnels d'homme de droite. Alors, les exclus étaient allés se plaindre auprès de l'ami de trente ans. Hortefeux, à cette époque, passait encore pour avoir l'oreille du candidat. « Que fait-elle ? Que veut-elle ? » lui ont-ils demandé. L'information fut confirmée par Hortefeux lui-même ; alors que je lui demandais des renseignements sur cette réunion, il me répondit assez maladroitement : « Comment sais-tu ça ? »

J'essayais alors de demander un rendez-vous à Cécilia Sarkozy afin qu'elle s'explique sur la fonction qu'elle revendiquait désormais dans l'équipe et la manière dont elle voulait, ou non, s'accorder avec l'entourage historique de son mari. Je laissai un message à sa secrétaire. Cécilia ne me donna pas signe de vie. Je réessayai. Deux jours plus tard, à l'heure du déjeuner je reçois un coup de téléphone : « Monsieur Philippe Ridet ? Le ministre de l'Intérieur aimerait vous parler. » Je suspends ma fourchette. « Allô, Philippe », la voix de Sarkozy est sèche, un peu nerveuse. « Je sais que tu veux voir Cécilia. Il n'en est pas question ! Elle veut se protéger ! » J'argumente : « Mais je veux simplement qu'elle m'explique son rôle. » Sarkozy : « Je te parle d'homme à homme, tu m'entends, d'homme à homme ! Tu sais ce que ça veut dire ? Je ne veux pas que tu écrives là-dessus. » Je note sur une serviette en papier ces mots à la volée : « d'homme à homme... », « pas là-dessus... ». Puis son ton se fait plus doucereux. J'insiste : « Mais il y a des proches de toi qui s'inquiètent. » La sentence tombe : « Je n'ai pas d'amis, je n'ai que des collaborateurs. Je n'appartiens à personne. »

Mais de tout cela, Charon ne veut rien dire. Ce qui l'intéresse aujourd'hui, c'est de connaître le nom de mon informateur d'alors et de démentir toute information à propos d'une disgrâce dont il serait l'objet de la part du président. Il ne veut, il ne peut pas admettre de ne plus faire partie des gens qui comptent autour de lui. Je sais pourtant qu'il a trouvé portes closes au Fouquet's le soir de l'élection. La liste des invités dressée par Cécilia ne comportait pas son nom. Il se défend : « Je n'avais pas à y être car je devais accueillir Mireille Mathieu à la Concorde. » Moi : « Ah bon... » Il n'est pas non plus dans l'organigramme des conseillers de l'Élysée. Il argumente : « J'ai vu Sarkozy le lendemain de la cérémonie d'investiture. Il m'a dit : "Je veux que tu continues à faire pour moi ce que tu as toujours fait." » Il raconte qu'il est une sorte d'agent traitant au service du président, sans titre, mais avec un « contrat personnel ». Il rencontre des ministres, sonde leurs états d'âme et rend compte. De Cécilia, il ne dit pas un mot, malgré mon insistance. Dans le fil de la conversation, il me lance, un rien provocateur : « Il paraît que tu as écrit un bon papier sur Martinon ? »

David Martinon ! Un nom honni par le premier carré de fidèles. Enfant gâté de la Firme que le président a nommé porte-parole de l'Élysée et, finalement, candidat officiel à sa succession à la mairie de Neuilly. Enfant mal-aimé également qui se fera publiquement traiter d'« imbécile » par ce même président quelques mois plus tard. Images cruelles qui tournent en boucle sur Youtube ou Dailymotion où le conseiller, interdit et muet, essuie la colère du chef de l'État qui ne supporte pas d'être interviewé sur ses liens avec son épouse pour les besoins de l'émission *60 minutes* sur CBS.

Les compagnons historiques ont dû bien s'amuser, eux qui lui reprochent tout simplement d'être là quand ils n'y sont plus. Ne pouvant imaginer que Sarkozy fut tout simplement injuste et brutal à leur égard, ils accusent Martinon de mille bassesses. Son ascension ? le prix de sa courtisanerie. N'a-t-il pas pris régulièrement des nouvelles de Cécilia lorsqu'elle était à New York avec Richard Attias ? N'a-t-il pas pris le parti de Claude Guéant quand les autres imaginaient que la campagne révélerait au grand jour les insuffisances, sur le plan politique, du premier des conseillers du candidat ? Entre eux, quand ils voulaient désigner les favoris du directeur de campagne, ils parlaient des « petits marquis ». Mauvais calcul. Les « petits marquis »

71

ont maintenant leurs bureaux à l'Élysée tandis que les compagnons d'antan doivent désormais qué-mander des rendez-vous avec le chef de l'État en passant par la petite porte.

Ils sont d'autant plus amers qu'ils croient avoir sauvé la mise de Martinon. Lorsque Sarkozy, à l'hiver 2005, s'avisant que son conseiller diplomati-que manquait justement d'aptitude à la diplomatie avait décidé de s'en débarrasser, ils plaidèrent sa cause, convainquant le ministre de l'Intérieur de le garder à son poste. Il en allait alors du bonheur de la Firme, de son équilibre, de son harmonie, de son look aussi bien. Où retrouver un type qui coif-fait ses cheveux en arrière comme dans les années trente et s'habillait en Paul Smith ? Aujourd'hui que la bande s'est dissoute, ils ferment la paren-thèse enchantée et attendent, sarcastiques et patients, le premier faux pas du protégé. Ils ont beaucoup ri quand Martinon annonça sa candida-ture aux militants UMP de Neuilly qui l'accueilli-rent aux cris de « Martinon ! Non, non ! » Un mauvais jeu de mots au bon moment a des vertus insoupçonnées.

Punis pour excès de proximité

Deux jours plus tard, autre restaurant et autre convive. Frédéric Lefebvre est lui aussi un réprouvé. Écarté de l'entourage du président pour lequel il occupait la fonction de conseiller parlementaire.

Suppléant d'André Santini dans les Hauts-de-Seine, puis député quand ce dernier a été nommé ministre, il nie lui aussi avoir été écarté. Il affirme rester en contact avec le président, comme une sorte d'agent secret avec pour mission, dit-il, « d'arranger des coups ». Moi : « Ah bon... » S'il réfute le mot de disgrâce, il ne cache pas sa mésentente avec Claude Guéant, et laisse entendre qu'il a payé pour cela. Pendant la campagne, leurs avis ont sérieusement divergé, notamment sur le rôle de l'UMP que Lefebvre tenait pour essentiel et Guéant pour marginal : « Il a un problème d'ego, me raconte-t-il à propos de celui dont il n'a visiblement pas supporté l'influence grandissante. Il est très à l'aise dans sa partie, mais il a quelque chose à prouver en politique. » Et Cécilia ? Est-elle pour quelque chose dans son effacement ? Réponse immédiate : « Non. » Et l'ancien conseiller de broder sur cette femme « remarquable » qui sait « admirablement juger les collaborateurs de son mari ».

J'achève ma tournée des réprouvés par un coup de téléphone à Jean-Michel Goudard. Il est comme d'habitude en transit entre la Suisse, New York, le Japon et le Luberon. Lui aussi ne veut rien dire non sans s'étonner que la presse n'écrive rien du rôle néfaste de l'épouse de Sarkozy pendant la campagne, défaisant le matin ce que lui, Goudard, avait imaginé la nuit. Je lui propose de nous voir immédiatement pour recueillir son témoignage. Sa réponse : « Non, non, c'est trop tôt. »

Ni Charon, ni Lefebvre, ni Goudard n'ont fait le deuil d'un retour en grâce. Entre eux, ils feignent de s'en amuser : « Ce n'est pas ceux qui ont débarqué les premiers à Omaha Beach qui ont niqué les Parisiennes », disent-il. Mais ils continuent d'espérer que leur tour reviendra. Et si elle repartait ? se demandent-ils tous les jours. Et si l'histoire recommençait comme avant ? D'où leur prudence : ne rien reprocher à Cécilia qui pourrait lui être rapporté, ne rien dire qui pourrait accréditer la thèse selon laquelle elle a composé elle-même le casting des principaux conseillers de son mari, comme elle avait dressé la liste des invités au Fouquet's. Et ne pas dire un mot de trop sur ceux qui sont restés avec le président, ces nantis, ces enfants illégitimes de la Firme, ces ralliés de la dernière heure, qu'ils tiennent dans le plus grand mépris mais dont ils auront peut-être besoin un jour. En politique, tout s'oublie, même si rien ne se pardonne.

7.

Bagages accompagnés

Roissy 1, porte 4... Le lieu de rendez-vous est toujours le même quand l'Élysée convoque les journalistes qui suivent les visites du président à l'étranger. Pour ses déplacements en province, nous sommes conviés, en général à l'aube, à l'aéroport militaire de Villacoublay dans les Yvelines. Un tout autre décor, que les taxis ne connaissent que très rarement, avec pour perspective un vol à bord d'un Transal ronflant, ces avions spécialisés dans les transports de troupes. On y monte par l'arrière, vaillants soldats, nos ordinateurs à la main. On s'installe sur des bat-flanc de toile tendue. Ça sent le kérosène. Les pilotes sont habillés de combinaisons vertes comme Tanguy ou Laverdure. En cas d'arrivée tardive à destination, il y a un carton plein de petits sacs en plastique contenant chacun un sandwich, une compote et un fruit. Les hublots sont trop hauts pour qu'on puisse voir le paysage : voyage aveugle et muet car le niveau sonore des moteurs rend toute conversation impossible. Nous sommes dans les bagages de l'Élysée désormais. Que du bonheur !

Mais Roissy 1, porte 4, ça change tout, il est vrai… À la perspective d'embarquer dans un Airbus siglé « République française », le journaliste de base se transforme en VIP. Il n'a pas eu à commander de billet d'avion, juste à s'inscrire auprès de l'Élysée. Sitôt arrivé à l'aéroport, un membre de l'équipe des voyages de la présidence lui remettra un coupon à son nom sur présentation de son passeport. Il n'y a pas de queue aux guichets d'enregistrement, puisque au moins deux d'entre eux lui sont réservés. Voyage idéal où nous sommes réduits au rang de bagages accompagnés. Seul inconvénient : le journaliste doit quand même faire contrôler ses valises et ses sacs comme un vulgaire touriste potentiellement terroriste. Un comble ! Il lui est recommandé d'arriver avec une heure et demie d'avance sur le décollage, mais avec l'habitude, il se rendra compte qu'une demi-heure suffit. Ensuite, c'est l'enchantement. Un salon est à sa disposition pour attendre où il n'a pour voisins de banquette que des confrères ou des consœurs. Pour patienter, il peut lire le livret qui lui a été remis. Il contient la liste des membres de la délégation qui accompagnent le président (très précieux pour savoir à qui on va pouvoir arracher quelques confidences), les numéros de téléphone des membres du service de presse, l'adresse de l'hôtel. Suivent quelques pages résumant la situation économique et politique du pays visité, l'état de ses relations avec la France. C'est pratique et didactique, mais, en général, personne ne les lit.

À l'embarquement, pas de panique. Il y aura des journaux pour tout le monde sur le présentoir. L'avion étant entièrement équipé en « classe affaire », chacun bénéficiera d'un siège confortable. Mais il y a mieux encore : quelques sièges à l'avant de l'appareil sont encore plus luxueux et offrent la possibilité de s'y allonger presque entièrement. Ils sont généralement réservés aux membres du service de presse et à quelques journalistes dont le nom est imprimé sur un sticker collé sur le repose-tête. Pour mériter cette distinction, il faut beaucoup voyager et appartenir de préférence à un grand média. La demander serait considéré comme une faute de goût. En général, il ne sert à rien de chercher son nom. Quelqu'un vous dira discrètement : « Tu es là », en vous désignant ce siège couleur pêche où vous pourrez dormir comme un enfant. Il faut alors masquer son plaisir (on n'est pas des ploucs) tout en remerciant sobrement pour l'attention dont vous êtes l'objet (on n'est pas des goujats).

Que les déontologues se rassurent : le déplacement est payé par les rédactions, même si le prix, sur une compagnie classique, ne vous offrirait qu'un voyage avec les genoux sous le menton et la tête de votre voisin qui s'alourdit sur votre épaule. Pour ajouter aux aigreurs de ceux qui s'imaginent qu'on achète la presse avec des faveurs, je ne dois pas oublier de préciser qu'un verre de champagne (ou deux ou trois...) est offert avant le décollage, que la chère est de qualité et le vin (meursault, bordeaux Château-Batailley) est excellent, servi à volonté par un personnel qui, pour être entièrement composé de militaires (hommes et femmes) de l'armée de l'air, est d'une parfaite courtoisie. Décollage. Pas de stress. A-t-on jamais vu un avion de la République s'écraser ? Les yeux fermés, on pense furtivement qu'il ne faudra pas oublier de réserver sur easyjet.com les billets pour les prochaines vacances...

Au retour, généralement harassés par le rythme trépidant du président de la République, nous manquons en revanche de la plus élémentaire courtoisie. Les places sont plus rares, car l'avion rapatrie en général les policiers du service de protection des hautes personnalités qui ont assuré la sécurité du chef de l'État pendant son voyage et quelques employés de l'Élysée partis préparer sa visite. Les plus aguerris d'entre nous se préparent à ce départ très en amont. Il faut, pour être sûrs d'avoir une place à l'avant, embarquer les premiers dans les autobus qui quitteront la salle de presse pour le tarmac de l'aéroport et se ruer vers la passerelle dès l'ouverture des portes. C'est chacun pour soi.

Apparat présidentiel

Il arrive. Deux voitures à l'avant, quatre ou cinq à l'arrière, le cortège présidentiel stoppe de telle façon que la berline noire dans laquelle le président a pris place en compagnie de son hôte du jour se positionne à l'endroit exact où un tapis rouge à été déroulé. Après s'être extrait de son véhicule arborant, sur l'aile avant droite, le drapeau tricolore, le président attend que sa suite l'ait rejoint avant de passer les troupes locales en revue. La fanfare militaire attaque un air enjoué. Il se fabrique alors une silhouette de circonstance : visage grave, mâchoires serrés, bras le long du corps. Puis son épaule droite se déboîte légèrement vers l'avant, il tire sur les manches de sa veste, rétablit sa posture et attaque d'un pas lent et chaloupé la revue des troupes.

Ce jour-là, nous sommes à Sofia (Bulgarie). Deux semaines auparavant, c'était Budapest. Le chef de l'État s'est lancé dans une opération de charme avec les pays d'Europe centrale et orientale pour faire pièce à l'influence allemande et tenter de créer un rapport de force à son avantage vis-à-vis de la Russie de Vladimir Poutine. L'Élysée ne cache pas que cet objectif s'est imposé plus qu'il n'a été prémédité. La libération des infirmières bulgares retenues prisonnières en Libye pendant l'été a été le déclencheur de cette politique. Se souvenant que son père, Pal Sarkozy de Nagy Bocsa, était né hongrois, son fils, devenu président, met désormais en avant ses origines qui l'avaient plutôt encombré. Sarkozy est ainsi. Le hasard l'a fait à moitié « européen de l'Est » : la nécessité le pousse à s'en prévaloir. Il ne s'agit pas d'une acceptation de soi au terme d'un long processus, mais simplement d'une opportunité. Le jour où il lui faudra « vendre » le traité d'union de la Méditerranée à la Grèce, nul doute qu'il se souviendra que son grand-père maternel était né à Salonique !

Alors qu'il remonte le tapis rouge, le nouveau président cherche déjà du coin de l'œil des visages connus. Pour lui, un visage connu, c'est d'abord celui d'un journaliste. C'est un visage familier, quelqu'un avec qui il a déjà parlé, s'est engueulé, s'est rabiboché. Il est un peu comme ces touristes qui, à l'étranger, s'émerveillent d'avoir entendu parler français. Le monde est petit, ça le rassure. Une fois le journaliste repéré, moi ou un autre, il lui adresse un quart de sourire dans lequel se lit sa reconnaissance de nous savoir là. Toujours les mêmes, qui étaient à Romorantin, à Madrid, Marseille ou New York. Les mêmes qui ont suivi des conseils nationaux de l'UMP. Qui ont fait le pied de grue jusqu'à pas d'heure devant le siège du parti, rue La Boétie, ou, pour les plus âgés d'entre nous, rue de Lille, devant celui du RPR. Dans ce sourire il y a un peu comme un défi : « Vous voyez où j'en suis ? » Et peut-être une vacherie : « Et vous, vous n'avez pas bougé. » On y lit encore une forme de surprenante ironie, lui qui en est tant dépourvu, comme si son accession au sommet lui apparaissait soudain comme une ruse de gamin, une blague. Et qu'il sait que nous le savons.

À Budapest, quelque temps plus tôt, il nous a désignés du doigt à son homologue hongrois. C'est son nouveau tic. Dès qu'il est avec un de ses homologues, il montre quelque chose ou quelqu'un du doigt. Un truc d'un conseiller en image ou plus probablement quelque chose qu'il a vu faire par un acteur ou une rock-star. Cela a l'avantage de lui donner une contenance et une stature avantageuse puisqu'il paraît régler la mise en scène et prendre l'ascendant psychologique sur son hôte. Nous n'entendons pas ce qu'il dit. Sa voix est couverte par la musique militaire jouée par des fantassins aux calots emplumés. Il paraît nous présenter au président hongrois, comme si nous étions son fan-club. « Je les connais tous, semble-t-il lui dire. Ce sont des amis. »

Des scènes de ce genre, j'en avais déjà vécu, notamment à Londres où nous l'avions accompagné à l'automne 2005. Voyage périlleux : Chirac encore président avait déconseillé à Tony Blair de recevoir son trop entreprenant ministre de l'Inté rieur ; du coup les deux hommes avaient arrangé un rendez-vous, le soir, dans un hôtel. Au sortir de son entretien avec le premier ministre anglais, Sarkozy nous avait présentés un par un à Blair, l'obligeant à nous serrer la main comme à des membres d'une délégation officielle. Depuis, il a récidivé avec le pape Benoît XVI, à Rome, en décembre 2007. Jamais encore un de ces hôtes n'a tourné les talons laissant les « embedded » la main ballante et inutile.

Quand il ne nous voit pas, il en semble affligé. Un soir à Strasbourg, alors qu'il sortait d'un dîner avec des élus, il a laissé transparaître sa déception de ne pas voir notre petite bande l'attendre à la porte du restaurant. Seule Nadège Puljak, de l'AFP, était là qui lui tendait son magnétophone afin de recueillir une déclaration. Il avait lâché, un rien désappointé : « Ils ne sont pas là, Ridet et Vigogne ? » Pour un peu, il aurait conclu à une faute professionnelle, à un abandon de poste. Il ne nous aurait sans doute rien dit de plus que des propos habituels, banals, ironiques ou satisfaits, mais notre absence le renvoyait à une forme de vaine solitude. À quoi bon être président s'il n'y a qu'un journaliste pour vous attendre un soir de septembre à la sortie d'une weinstube alsacienne ! Nous devons être à son service, nous sommes la preuve de son existence.

Lors de son voyage en Côte d'Ivoire, à l'été 2007, Sarkozy prend le bras du journaliste du *Figaro* qui couvre sa visite et s'adresse ainsi à Omar Bongo, le président du Gabon : « Omar, je te présente Bruno Jeudy. Il est très fort au marathon. » « Il était content de lui, me raconte Bruno. Fier de me présenter son nouvel ami. » Et encore ceci, que je tiens de Raphaëlle Bacqué, ma consœur au *Parisien* puis au *Monde*. Après la défaite de Balladur à la présidentielle de 1995, Sarkozy s'interroge, ne sait s'il doit encore croire en un destin politique. Déprimé, il lui demande : « Quand vous organisez des fêtes chez vous, pourquoi vous ne m'inviteriez pas ? »

Et si finalement, il voulait en être, de ce groupe de journalistes qui le suit depuis des années ? Et s'il enviait nos dîners au restaurant où l'on parle souvent de lui, quand il doit, lui, honorer un dîner officiel où l'on parle de l'ordre du monde ? Le rêve de Sarkozy : être aussi le spectateur de sa destinée. Producteur, metteur en scène, acteur, régisseur, il lui manque de se voir enfin tel que nous le voyons.

L'exécution des hymnes terminée, le protocole avait réservé ce jour-là à Sofia un bain de foule. En fait, cent personnes en rang d'oignons derrière une barrière métallique agitant des drapeaux tricolores en papier qui crépitaient sous un soleil automnal. Mais d'abord il s'avance vers trois consœurs, jolies et souriantes, juchées sur une plate-forme où sont disposées les caméras. Sarkozy n'a pas vu certaines d'entre elles depuis longtemps. Croit-il vraiment qu'elles sont là pour lui ? Ne pouvant les embrasser, il attrape la cuisse de l'une d'elles, paraît ravi comme si on lui avait agité une boîte de chocolats sous le nez. Lui, se croyant irrésistible : « Je suis content de voir que vous soutenez toujours l'UMP ! » Ensuite, il serre la main des Bulgares, mais la première dont il s'empare, c'est la mienne, alors que je me tiens pourtant un peu en retrait : « C'est super ici ! » lance-t-il avec un sourire qui lui fend littéralement le visage. Il est arrivé depuis dix minutes à peine. Il est heureux, il connaît du monde.

Une virée en Seine-et-Marne

C'était un matin de juin ou de début juillet 2000. Franck Louvrier m'avait fixé rendez-vous à la mairie de Neuilly. Départ 10 heures pour Montereau, Seine-et-Marne, où attendait Yves Jégo, le maire de la ville. À cette époque, Sarkozy était déjà sorti de sa – courte – traversée du désert. Un an après l'échec des élections européennes de 1999 où la liste qu'il conduisait au pied levé avait terminé à une désho-norante troisième place, derrière le PS et les souve-rainistes conduits par le duo Pasqua-Villiers, il était reparti à l'assaut. Il avait bien envisagé de renoncer à la politique pour les affaires, soutenu dans cette volonté par Cécilia, mais le goût du pouvoir l'avait une nouvelle fois emporté. Comme en 1995, après l'échec d'Édouard Balladur qu'il soutenait, quand il se morfondait dans son bureau de maire de Neuilly, il lui avait suffi d'attendre qu'on vienne le chercher. Les hommes de son talent étaient rares. Chirac ne pouvait pas faire l'économie du sien. Alors, une fois encore, il avait remisé son ambition de faire fortune dans le privé – mais y croyait-il vrai-ment ? – pour tenter d'approcher un plus grand rêve. Déjà, il se croyait génial, il se découvrait indis-pensable.

Sentant que la voie se dégageait, Sarkozy pous-sait son avantage et voyait les journalistes en petit comité pour déjeuner dans un salon de sa mairie situé de l'autre côté de l'hôtel de ville. Il arrivait en tenant au bout d'une corde son chien Indy, un labrador jaune comme le cheval de D'Arta-gnan. Parfois Cécilia se joignait à nous pour le dessert. D'autres fois, il conviait l'un d'entre nous dans son bureau, pour le thé. Il s'acharnait à nous convaincre individuellement qu'il était le meilleur. Et il y parvenait. Un feu de cheminée crépitait doucement. Il mangeait des chocolats. Il parlait de lui, de son livre *Libre*[1] – « écrit à la main », insistait-il comme si cela avait été une garantie de qualité – de Chirac, de Juppé et des autres pendant que le chien s'assoupissait. J'ai commis l'irréparable erreur de n'avoir gardé aucune des notes que j'ai pu prendre lors de ces rendez-vous. Il m'en reste une saveur, un peu fade, une impression de suffocation due au feu de bois, un souvenir d'après-midi maussade chez une cousine de province.

En comparaison, le souvenir de cette matinée en Seine-et-Marne est radieux. Le soleil du début d'été sans doute, et une disposition d'esprit qui m'inclinait à trouver du bonheur en toutes choses. J'étais amoureux. Sarkozy arriva à l'heure dite en compagnie de l'aîné de ses fils, Pierre, qui s'installa au côté de son chauffeur. Et roulez jeunesse ! Notre relation avait pris un tour un peu personnel après que nous eûmes abordé les affres du divorce entre Amiens et Paris. J'étais devenu pour lui une sorte d'archétype du père divorcé.

C'est une de ses marottes. Connaissant davantage de journalistes que de vraies gens, ou plutôt pre-

---

1. Nicolas Sarkozy, *Libre*, Robert Laffont, 1999.

nant les journalistes pour de vraies gens, Sarkozy a vite fait de vous instituer en représentant d'une catégorie particulière. Une consœur avec des enfants peut ainsi représenter à elle seule la condition des femmes au travail et de l'inégale répartition des tâches au sein du couple ; un confrère tutoyant la soixantaine illustre la thématique de l'emploi des seniors. Nous sommes à ses yeux un petit échantillon de la population, sa France miniature, son panel privé. Ce jour-là, en plus d'être l'exemple du père divorcé, je devins également « l'homme à femmes ».

Mais aussi, qu'est-ce qui m'a pris de lui raconter que j'étais tombé amoureux d'une Italienne qui enseignait sa langue à mon fils aîné ? Faut-il être sot pour confier son bonheur à un homme politique ! Quiconque n'est pas amoureux ne peut pas comprendre que cet état incite à parler de soi et à n'importe qui. Cet aveu me valut une intense curiosité de la part des Sarkozy, père et fils. Pierre me regardait avec ses grands yeux clairs. Je sentais qu'il tentait de se représenter la scène et tremblait peut-être que son père ne suive mon exemple. Sarkozy, lui, semblait m'envier.

Le voyage se poursuivit ainsi, de joyeuse humeur, entre sidération et vague jalousie. À Montereau, le charme s'évanouit. Jégo nous fit visiter des micro-entreprises installées dans une zone franche. Sarkozy faisait semblant de s'intéresser au programme, se composant un visage que je devais très souvent revoir : un sourire intéressé, agrémenté de petits hochements de tête, qui dissimulaient une totale indifférence. La visite se poursuivit par une halte sur un marché bigarré au pied d'une Zup délabrée. Il n'était pas encore devenu ministre de l'Intérieur, mais sa présence visiblement indisposait quelques jeunes gens encapuchonnés : « Eh Sarko ! Qu'est-ce que tu fous là ? Dehors ! » L'intéressé marcha droit sur le type : « On dit Monsieur Sarkozy. » Puis il tourna les talons, réajustant son blazer à boutons dorés qu'il portait encore à l'époque. Au retour, il s'extasia de sa repartie : « Si tu as peur, ils le sentent et tu es foutu. » Il en parlait encore quand sa voiture me déposa à sa porte d'Orléans.

« *Un jour, je t'expliquerai* »

Parlant aujourd'hui de lui, je pourrais dire comme on le fait d'une vieille connaissance : « Ça fait une éternité que je ne l'ai pas vu. » Pourtant, je passe le plus clair de mon temps à le suivre. Je suis là où il va sans trop me poser de questions. Mais le pouvoir, quoiqu'il s'en défende, l'a happé. Présent sur les écrans, matin, midi et soir, il a cessé d'émettre ces quelques signaux amicaux, certes pas toujours désintéressés, dont il gratifiait tour à tour l'un de nous. De la même façon qu'il a changé son entourage, exilant ses fidèles comme s'ils avaient été les témoins gênants de son ascension et des petites

combines qui favorisent les grandes ambitions, il
se méfie des journalistes politiques. « Vous me
tirez vers le bas », avait-il dit un jour de septembre 2006. Désormais, son public préféré, ce sont
les journalistes diplomatiques avec qui il se plaît
à discuter des grands équilibres du monde tout
comme auparavant, il s'exaltait à parler de sa
stratégie de campagne et sur la façon dont il allait
« niquer » Juppé, Villepin, Chirac et consorts. Il
se méfie de nous qui le connaissons trop bien,
craignant sans doute que nous ne fassions pas la
différence entre le Sarkozy qui tente, en vain, de
remettre de l'ordre au Liban et celui qui
s'employait à mettre un terme, il n'y a pas si longtemps, à la querelle parisienne entre Françoise
de Panafieu et Claude Goasguen...

À Heilingendamm, lors du G 8 de juin 2007,
nous sommes quelques-uns à le guetter entre
deux rendez-vous. Il fait quelques pas sur la
pelouse avant de s'entretenir avec Vladimir Poutine. Nous apercevant, il feint la surprise. « Je
voulais juste prendre l'air et voilà que je tombe
sur vous », nous dit-il, un peu pincé, comme s'il
venait de rencontrer un collègue de bureau sur la
plage où il passe ses vacances. Nous voilà exclus
du « cercle magique » comme l'ont été les
conseillers de la première heure. « Avons-nous vu
le prince pleurer ? » comme l'écrit Yasmina Reza
dans *L'Aube le soir ou la nuit*. Sûrement pas. Nous
l'avons vu au contraire triompher et mettre en
scène son triomphe. Au soir du premier tour,

après son discours salle Gaveau, il passa la tête à travers le rideau qui séparait les coulisses de la salle de presse et me fit appeler en compagnie de Ludovic Vigogne, pour un dernier aparté : « Un jour, je t'expliquerai », me dit-il, persuadé que je n'avais rien compris de sa campagne et de ses positionnements successifs. Il avait ce sourire d'ironie qu'il ne s'applique jamais à lui-même mais réserve aux autres. À l'heure qu'il est, il ne m'a rien expliqué. Au lieu de cela, il pérore. Fort de ses 53 % du second tour, il joue au président. Comme ses prédécesseurs, il a trouvé son style de langue de bois. La sienne est un peu moins policée. Elle a toutes les apparences de l'improvisation et du naturel, mais elle est devenue prévisible.

Recevant, le 14 Juillet, une brassée de journalistes, petits et grands – directeurs de journaux, présentateurs vedettes ou plumitifs de base – dans le salon des portraits au rez-de-chaussée de l'Élysée, il nous avait offert un de ses premiers « off » depuis son élection. Nous faisions cercle autour de lui, sur plusieurs rangées qui s'épaississaient au fur et à mesure que les attachés de presse rameutaient l'un d'entre nous pour venir écouter la bonne parole. Il venait de déclamer sa flamme, publiquement, à Cécilia, et s'imaginait peut-être qu'il avait marqué un point décisif à son égard. Quand j'ai ouvert mon carnet, il s'en est saisi : « Qui veut lire les notes de Ridet ? » a-t-il lancé à la cantonade. « De toute façon, il n'y a rien dedans, il invente tout », a-t-il lâché avant de me le rendre. Une phrase qu'il jugeait spirituelle, surtout devant des tiers, comme il avait trouvé drôle un autre jour, en présence de Yasmina Reza, de décréter : « Je suis une source inépuisable pour vos papiers de merde. » Juste une remarque d'enfant méchant.

Nos questions étaient brèves et à peine écoutées. Il n'avait qu'un message à faire passer, qu'il déclina sur tous les tons. « Quand je me rase, dit-il, je pense à ne pas décevoir ceux qui ont voté pour moi, à rester dans le bon rythme, à créer ma dynamique. » Ou encore : « En France comme en Europe, il y avait un besoin d'énergie, de réformes. Peu importe que ce soit dur. L'essentiel, c'est de les faire. Cela se fait naturellement, par petites touches, tranquillement. Des gens disent "ça va trop vite", moi j'ai l'impression que cela ne va pas assez vite. » Ou encore : « Les plus critiques d'entre vous disent que je fais toujours campagne. Mais moi j'agis, je suis comme vous, j'essaie de gagner des lecteurs. »

La canicule du dehors semblait être entrée à l'intérieur. Nous transpirions, immobiles et debout face à lui qui faisait l'éloge de la vitesse. Sur le buffet trônaient des carafes de jus d'orange. Mais se saisir d'un verre, c'était perdre sa place dans le cercle de ses auditeurs et courir le risque de rater une réplique. J'avais envie que ça s'arrête. Ce jour-là, il lâcha aussi, comme en passant : « Cécilia est mon seul souci. » De cette demi-heure de péroraison, ne reste que cette phrase, inédite de la part d'un président de la République devant la presse, qui resta. Elle ressortira quelques mois plus tard. La seule peut-être qu'il souhaitait que nous retenions.

8.

Trouver son style

« Faire » président. Jacques Chirac s'est épuisé à y parvenir. Quarante ans après l'avènement de la Ve République, il s'acharnait encore à entrer dans les habits trop larges du Général et de François Mitterrand. Sous la tutelle de sa fille, Claude, il s'est efforcé dans ses apparitions publiques d'atteindre ce point où l'homme se confond avec la fonction qu'il incarne. À défaut, il s'est fabriqué une réputation de sagesse à laquelle son âge, et peut-être son indifférence de plus en plus grande à mesure que le temps passait, ont fini par donner un vernis d'authenticité.

Je me souviens de Claude Chirac expliquant à la presse, dans les derniers mois de 1994, que son père « s'était rejoint ». Drôle d'expression. Comme s'il existait une quantité de Chirac différents, des avatars, qui devaient, sur ordre de sa fille, converger dans la personne du candidat. Adieu tête de veau, musique militaire et plaisanteries salaces dans les banquets de Corrèze. Bienvenue aux Taïnos,

aux arts premiers, à la sagacité des vieillards !
L'opération fut menée de main de maître, la mise
en scène réglée au millimètre : aucun câble ne traî-
nait sur le plancher du théâtre où il allait s'avancer
pour régler son compte à Édouard Balladur et à
tous ceux – nombreux – qui ne voulaient plus miser
sur ce cheval de retour. Ayant décidé qu'il ne sui-
vrait pas l'exemple de ses prédécesseurs, Chirac et
Mitterrand, qui avaient érigé, sous l'influence de
leur conseiller commun Jacques Pilhan, la rareté de
la parole présidentielle en garantie de son efficacité, Sarkozy doit trouver son propre style, sans
modèle.

Il a choisi d'aller au plus simple, être lui-même.
Le bateleur et le visionnaire. Le sentimental et le
tueur. « Un homme à tiroirs », dit sa conseillère
Catherine Pégard. Pas question, pour l'instant, de
choisir entre Nicolas Sarkozy et « Sarko », entre
l'Histoire qui le jugera et la presse people qui chronique son divorce et ses amours, entre le collier de
commandeur de la Légion d'honneur et ses Ray-
Ban. Il veut être tout cela à la fois, espérant que les
Français prendront le mélange des genres pour la
marque définitive du naturel. Il est possible qu'il y
parvienne.

Son atout, c'est la parole. Sa rhétorique d'avocat,
son recours à une sorte de bon sens n'ont toujours
pas trouvé son contradicteur capable de démonter
son discours et de le réduire à ce qu'il est pourtant
parfois : une succession de truismes et de demi-
vérités assenées comme des évidences. On lui

reproche de féliciter Vladimir Poutine au lendemain de son élection digne d'un dictateur ? Et
alors, répond-il, devrais-je l'ignorer pour lui demander ensuite d'aider l'Occident à régler le problème
en Iran ? Kadhafi en grande pompe à Paris ? Et
alors, pourquoi faudrait-il ostraciser les pays qui ont
renoncé au terrorisme ? Autre atout : cette incroyable faculté à être partout à la fois. C'est dans le
mouvement qu'il existe, dans le discours qu'il se
révèle. Immobile et muet, il semble hors de lui-
même, inhabité, une coquille vide. Être partout est
une seconde nature. Il lui faut consoler les victimes,
les veuves de marins, « les accidentés de la vie »
comme il les appelle et en même temps éteindre
tous les feux qui menacent son début de règne. Lui-
même semble parfois hésiter sur sa stratégie : « Si
j'en fais trop, je passe pour un con, si je ne fais rien,
pour un irresponsable. » Pour l'instant, il juge que
la première solution est un moindre risque.

Aucun conseiller ne lui a enseigné cette posture,
elle lui est naturelle. Plus personne ne songe à le
chasser. Sarkozy est le produit idéal de son époque
dominée par la dictature du moi. L'intime est son
terrain de jeu. Je jubile, je le montre. Je souffre, je
le montre. J'aime, je le montre. Les digues du
quant-à-soi ont sauté bien avant lui sous la pression
de l'opinion et de la télévision pour laquelle tout
doit être visible. Chirac a souffert douze ans pour se
plier aux nouveaux usages du petit écran, en vain.
Sarkozy est né avec. « Enfant de la télévision »,
comme il se décrit lui-même, il n'a eu besoin

d'aucune séance de training pour s'y ébattre à son aise. Ses scores à l'audimat tiennent autant à ses annonces qu'à sa manière d'assurer le spectacle. C'est le premier producteur-animateur devenu président de la République. Il détermine le sujet, choisit son média et surveille le rythme.

Est-il encore président de la Ve République quand il emmène des leaders étudiants déjeuner au restaurant ? Est-il encore président quand il se juche sur des caisses à savon pour haranguer des ouvriers aux casques de chantier vissés sur le crâne, en leur promettant de « ne jamais les abandonner » ? Est-il encore président quand sa vie privée s'étale dans deux ou trois magazines par semaine ? Sa réponse tient en deux mots : « J'assume. » Une autre manière de dire qu'il s'en fout, qu'il n'y peut rien, qu'il est comme ça et qu'il ne changera pas. Est-il encore président quand cinq ou six conseillers au moins sont autorisés à prendre la parole comme ils veulent au risque d'amoindrir la portée de la sienne ? Quand tout le monde parle dans son entourage et accède à cette parcelle de visibilité médiatique que Mitterrand et Chirac ne réservaient qu'à eux-mêmes ?

Paradoxalement, c'est le brouhaha autour de lui qui assure sa visibilité. Puisque tout le monde parle, alors, ont fini par penser après coup ses conseillers, son avis sera d'autant plus précieux et percutant. Le paradoxe n'a pas encore trouvé son théoricien. Conscient de son talent inégalé pour la communication, il se peut aussi que Sarkozy laisse faire, sachant que la comparaison lui sera de toute façon favorable.

Les hommes du président

David Martinon, son porte-parole, Claude Guéant, son secrétaire général, et Henri Guaino, son conseiller spécial, ont autorité pour parler en son nom. Le premier se contente de démarquer ses propos avec prudence. Ses conférences de presse hebdomadaires où les journalistes se rendent davantage pour découvrir l'agenda du président, comme on reçoit son paquetage, que le fond de sa pensée, sont un modèle de pure langue de bois. Ancien amateur de musique punk et de rock français, cet énarque a su se domestiquer jusqu'à la transparence. Porte-parole, il ne sort pas du cadre étroit de sa mission, désespérant de pouvoir lui apporter le supplément d'âme qu'il voulait y mettre.

Austère et pince-sans-rire, Claude Guéant explique, recadre, « pédagogise » au risque d'exaspérer François Fillon, le premier ministre. Doublure lumière et son de Sarkozy, la parole du secrétaire général de l'Élysée vaut celle du président. L'avoir au téléphone pour enrichir un papier est une marque de sérieux pour son auteur. Il règne en maître sur une batterie de conseillers qui eux-mêmes chapeautent un département ministériel. Précis, économe de ses mots, il est pour cette raison facile à prendre en notes. C'est un avantage indéniable.

Quand il reçoit, c'est à l'heure. Vous aperçoit-il à 17 h 13 dans son antichambre pour un rendez-vous prévu à 17 h 15, qu'il vous prévient qu'il lui reste encore deux minutes avant de vous faire entrer dans son bureau. Directeur de casting éclairé, Sarkozy a su le mettre en évidence. Comme dans le film *Le Parrain*, il tient du *consigliere*, l'homme qui, au service du chef, fait régner l'ordre dans la famille. D'abord dans l'ombre, il a, sur ordre du président qui ne peut assurer toutes les représentations du Sarko-show, pris peu à peu la lumière, et s'en trouve bien. Il ne faut pas se fier à son ton affable et toujours égal. Si la colère lui est étrangère, il sait manifester son désagrément. Un jour de campagne où je l'avais joint pour une précision, il m'avait répondu, en référence à un article qui lui avait déplu : « Appelez-moi au lieu d'écrire n'importe quoi ! » Dans ce « n'importe quoi », j'avais entendu comme une bordée de jurons. Comme son patron, il s'essaye parfois aux sarcasmes au détriment des journalistes. Ainsi s'esclaffe-t-il un jour en me proposant d'être « agent du gouvernement » dans la jungle colombienne pour repérer Ingrid Betancourt : « Vous auriez tous les jours la une du *Monde* et nous serions débarrassés de vous. » Il connaît également son Sarkozy par cœur, comme un tuteur son pupille. Un jour, au cours d'un déjeuner, il lâche, sans ciller : « Sarkozy est encore en formation. »

Henri Guaino est l'éruptif du trio. Quand il bout, il déborde. Conscient de son talent, il ne supporte pas d'être remis en cause. Fier de son parcours, ayant acquis une notoriété et une influence qu'aucun de ses précédents mentors ne lui ont jamais données, il ne supporte ni ratures ni retouches à ses discours. « Des cochonneries », lâche-t-il dans une rogne jalouse. Pendant la campagne, il a installé le candidat dans le terreau de l'histoire de France comme on change une plante de pot. Sarkozy pleurait sur les paroles d'une chanson de Calogero, « Si seulement je pouvais lui manquer », il lui parla de Péguy. Il ne jurait que par La Baule, il l'entraîna au Mont-Saint-Michel pour son premier déplacement de candidat en janvier 2007. Ses références aux figures historiques ont rattaché le président à une lignée baroque de Jaurès à de Gaulle, en passant par Blum et Mendès France. Aujourd'hui, Guaino parle au moins autant qu'il écrit : « J'en ai pris l'habitude pendant la campagne. Je ne vais pas m'arrêter maintenant que je suis conseiller. »

Sa marotte ? Rappeler les promesses du candidat, rectifier ses oublis. Une mission que Sarkozy lui a confiée par ces mots : « Tout ce qu'on a dit, on va le faire, c'est à toi de m'aider. » Il ne se l'est pas fait dire deux fois. Il n'a émis qu'une seule exigence : ne pas être « installé sous les combles ». Installé dans l'ancien bureau de Valéry Giscard d'Estaing, il a commencé à travailler sous un immense drapeau tricolore. Une œuvre d'art laissée par un occupant

précédent. Le lui fait-on remarquer qu'il rétorque :
« Si tu veux, tu peux l'emmener. » Il parle vite, sans
répit, émettant à un rythme régulier un petit racle-
ment de gorge qui s'amplifie à mesure qu'il
s'échauffe. Croyant convaincre, il épuise. Pour lui
parler, prévoir un quart d'heure voire davantage si
vous émettez une réserve.

Elle s'intitule elle-même « la journaliste du président ». C'est ainsi qu'elle s'est présentée lors de la
première réunion des conseillers de Sarkozy en
mai 2007 : « Je n'ai pas fait l'ENA et je suis journaliste depuis trente ans. » Une manière d'avouer
qu'elle ne savait pas très bien ce qu'elle faisait dans
ce casting de forts en thème. Il y a peu encore, le
mardi soir, elle ressentait la nervosité des boucla-
ges, lorsque au *Point*, où elle était rédactrice en chef
chargée de la politique, elle fignolait ses papiers et
ceux des journalistes de son service jusqu'à l'heure
du bouclage. Ils sont un certain nombre à suivre
Sarkozy qui ont travaillé sous son autorité. Entre
eux, ils l'appellent « maman Pégard ». J'ai le souvenir d'avoir passé un jour avec elle un entretien
d'embauche qui demeura infructueux. Elle est partout où se trouve le président, mais elle a choisi le
silence. Cela sied à sa nature discrète. Le week-end,
si Sarkozy lui en laisse le temps, elle va voir sa mère
en Normandie, près de Sanvic. Elle connaît pour
cette raison « la chanson de Margaret » de Pierre
Mac Orlan. Au besoin, elle peut aussi la chanter.

« Une histoire a commencé le 6 mai. Je veux en
écrire le scénario », explique-t-elle quand on l'inter-

roge sur son rôle. Elle n'en sait guère plus et apprend, dit-elle, « en marchant ». Son influence se révèle au nombre de ministres qui l'appellent dans une journée. Ils veulent être rassurés quand ils doutent de leur utilité, faire passer un message au président. Elle cherche à obtenir de lui qu'il ralentisse sa cadence. C'est à cela qu'on voit que ses efforts sont vains. Journaliste, elle était spécialiste de Sarkozy, elle l'est finalement restée en occupant, au premier étage de l'Élysée, l'ancienne salle de bains de l'impératrice Eugénie, transformée en un bureau charmant comme une bonbonnière. La baignoire, condamnée, lui sert désormais pour entreposer ses dossiers. « Je cherche à savoir ce qu'on pense de lui à l'extérieur », raconte-t-elle encore. À ce travail, elle consacre ses déjeuners, ses dîners et ses rendez-vous avec des politiques, des sondeurs et des journalistes. Entre l'air du temps et l'opinion, elle repère les tendances, anticipe les thèmes à venir, repère les prochains « sujets d'actu ». Elle peut prévoir les titres et les traitements des journaux du lendemain. Un jour peut-être, elle écrira son *Verbatim*, comme l'a fait Jacques Attali aux côtés de Mitterrand. Sarkozy semble s'y attendre : « Elle a du talent, elle a ma confiance. Elle me le demandera, et je pense que je dirai oui. »

Chacun à sa manière, Guaino, Guéant, Pégard pétrissent la pâte présidentielle. La regardent lever. Rectifient l'assaisonnement. Règlent la cuisson. Va-t-il trop vite, ils tentent de le ralentir. Est-il trop libéral, ils essaient de le ramener aux fondamentaux du gaullisme. Trop éloigné de son programme ? Ils lui rappellent ses promesses de candidat. Mais tous jurent que le patron n'est prisonnier d'aucun de leurs conseils. Surtout ne pas donner l'impression qu'un président se fabrique aussi comme n'importe quel produit de consommation courante. Chacun joue son rôle sans trop s'encombrer de ce que font les autres. Ils jouent chacun d'un instrument, à Sarkozy de les accorder.

9.

Vie très privée ?

Il a disparu. Qui ? Le premier ministre. On ne pense pas assez à François Fillon en son hôtel Matignon recouvert de lambris. Ces travaux de rénovation sont le legs de Dominique de Villepin, son prédécesseur, qui n'a pas voulu les commencer tant qu'il était dans les lieux. Quelques jours avant son départ, les ouvriers sont arrivés qui ont peu à peu emmailloté l'hôtel de la rue de Varenne dans une coque en bois, ôté une à une les tuiles du toit pour les remplacer par une grande bâche de plastique. Matignon est en travaux et le pavillon de la Lanterne, habituelle résidence d'agrément du premier ministre dans le parc de Versailles a été cédé au président de la République comme si Fillon, au terme d'une tragique partie de poker, le lui avait abandonné pour solde de tous comptes.

Au début, la presse a montré sa compassion. Elle le plaignait comme la victime d'un mauvais traitement. Puis elle l'a encouragé à sortir de ses gonds. Elle rêvait d'une rébellion dans la maison

Sarkozy. Imaginait un Fillon envoyant tout balader dans un accès de fierté. Puis elle s'est lassée d'attendre une offensive qui ne venait pas. C'était mal le connaître, en vérité. Fillon a servi tant de maîtres qu'il est bien placé pour juger leur ingratitude. « Je ne le sens pas », avait-il répondu à ses amis qui le pressaient, en 1999, de reprendre le drapeau abandonné par Philippe Séguin. Ce « je ne le sens pas » pourrait être sa devise gravée sous son blason. Au soir de la réforme des retraites de 2003 qu'il a su mener sans plier, il avait négligé de réunir micros et caméras pour chanter ses propres louanges. Voyant qu'il avait enfin du temps pour lui, il était parti acheter des chaussures pour l'un de ses fils.

Quelquefois, il se cabre. Fait savoir à Sarkozy que tel ou tel propos d'un conseiller qui parle en son nom n'est pas du meilleur effet. Mais le président joue avec lui, teste sa résistance à l'humiliation et le traite de « collaborateur ». À nouveau le premier ministre fait connaître sa mauvaise humeur, mais il ne rompt pas. Il connaît son président par cœur, sa cruauté aussi. Son flegme le protège. D'autres rêvent de son poste, mais il n'est pas sûr qu'ils aient à ce point ce mélange de souplesse et d'ambition contrôlée qui lui a valu sa fonction et lui permet d'y survivre. Descendu, selon son aveu, « en dessous du minimum vital » en termes de visibilité, il a endossé les habits du modeste, comptant que sa capacité à subir lui vaudra la postérité tardive d'un Raymond Barre. Les manières du président jouent en sa faveur. Plus Sarkozy étale sa vie au grand jour, plus sa discrétion apparaît comme un gage de sérieux.

En regard de l'impavidité de Fillon la course effrénée des autres ministres pour attraper une parcelle d'espace médiatique amuse. Ils sont comme des insectes sous une vitre observés depuis l'Élysée par Sarkozy et ses conseillers. Ceux-ci guettent leur progrès, s'alarment de leurs faux pas, les recadrent, les fustigent, les jugent. À ce jeu, tous deviennent un peu nerveux. La concurrence fait rage. Que Sarkozy cite l'un d'eux dans un de ses discours et c'est un jour de gloire pour l'heureux élu. Les oubliés, eux, tremblent de se savoir disgraciés. L'insécurisation est une méthode de management. Elle permet de maintenir la pression, l'ordre dans les rangs et laisse un espoir de promotion à tous ceux qui ont été écartés de la première formation du gouvernement.

À ce jeu pervers, les plus tranquilles sont les ministres d'ouverture et les ministres vitrines. Ils valent ce qu'ils représentent. Rachida Dati, Rama Yade, Fadela Amara ou Bernard Kouchner ont une liberté de parole que ne pourra jamais s'offrir un fidèle aguerri par des années de combat avec Sarkozy. Leurs désaccords sont prévus dans le contrat tacite qu'ils ont passé avec le chef de l'État. Ils sont même souhaités. Ceux qui ont fait le pari de leur soumission se sont trompés. C'est parce qu'ils critiquent qu'ils sont utiles. Fous du roi, ils font respirer le système imaginé par l'Élysée. Si un jour leurs réserves deviennent trop attendues et trop prévisibles, si chacun devait se figer dans son rôle, si Rama Yade, par exemple, devait multiplier les « sorties » à chaque visite d'une personnalité peu recommandable, renouvelant les critiques émises lors de la visite de Kadhafi à Paris, Sarkozy les changera. L'indignation a besoin pour fonctionner à plein de jouer de l'effet de surprise. De même si l'un d'eux, n'y tenant plus de voir sa colère instrumentalisée par l'Élysée, démissionne. C'est la limite du système : il consomme.

L'Arlésienne

Dix mille signes écrits d'une traite, en deux heures. Je crois n'avoir rien oublié. De leur première rencontre lors de son mariage avec Jacques Martin à la mairie de Neuilly à ses absences répétées de ces derniers mois. De leur ascension en duo vers le pouvoir à leur séparation. J'ai laissé un blanc pour la date. Mais la phrase est prête : « L'Élysée a annoncé, le…, la séparation du couple Sarkozy. » C'est qu'il y a urgence, croit-on savoir. Comme tous les journalistes je me suis plié à cet exercice, anticipant une nouvelle qui n'a pas été confirmée. Mais la rumeur est folle et se nourrit même des démentis qu'elle reçoit. Tout est parti de quelques lignes sur un site Internet, Bakchich, annonçant la séparation imminente de « Cécilia et Nicolas ». Le lendemain, veille de la visite en Bulgarie du président, *Le Parisien* publie deux pages sur l'absence de son épouse à ses côtés à Sofia où elle aurait dû recevoir un triomphe. David Martinon accède à la notoriété en répétant mécaniquement : « Pas de commentaire. » Qu'importe, la machine repart. Internet mène la danse, comme si les preuves étaient désormais irréfutables, et profite de l'occasion pour donner des leçons à la presse écrite qui, elle, n'ose pas publier ces informations. Et si elle n'ose pas, c'est bien sûr parce qu'elle est inféodée au pouvoir, qu'elle en dépend, qu'elle l'aime comme une idole...

Le site de *L'Est républicain*, une semaine plus tard, annonce un divorce qui devrait être confirmé par l'Élysée dans l'après-midi. Cécilia, lit-on, s'expliquera « dans la semaine ». L'après-midi se passe, pas d'annonce. Mais qu'importe, les journaux qui ne veulent pas être accusés d'avoir caché l'information, pour l'heure totalement virtuelle, publient le lendemain un article, ou une brève, sur « la folle rumeur ».

Le système de blanchiment est à l'œuvre, boucle parfaite, sans origine ni fin : rumeur, démenti, article, nouvelle rumeur, etc. La presse étrangère, tellement libre quand il s'agit de dénoncer les turpitudes si françaises, fait état d'un « divorce à l'Élysée » et du relatif silence des médias français. Les portraits de Cécilia y fleurissent, la saga du couple s'écrit au quotidien. On l'a vue à Londres, à Genève. « Je ne sais plus quoi raconter », me glisse un confrère italien qui m'appelle en quête de nouvelles fraîches. Je n'en ai pas.

D'ailleurs, il faut le dire, personne n'en a. Qui parle ? Qui sont ces « sources proches de l'Élysée » qui certifient une séparation prochaine ? Claude Guéant ? Henri Guaino ? Catherine Pégard ? Franck Louvrier ? David Martinon ? Évidemment non. J'ai déjà expérimenté leur silence sur la question. Il faut alors agrandir le cercle, trouver un conseiller dans un ministère qui, lui, saurait. Mais ce qu'ils savent n'est jamais que ce que nous savons déjà. Ils n'ont pas d'autres informations que cette rumeur qui s'épaissit comme une boule de neige à chaque nouveau tour qu'elle fait sur elle-même.

Bien sûr, en cet automne 2007, il y a des indices d'une mauvaise entente dans le couple : l'absence de Cécilia au dîner des compagnes des chefs d'État et de gouvernement lors du G 8 d'Heilingendamm ; sa disparition subite au déjeuner offert par le couple Bush lors des vacances présidentielles aux États-Unis ; son absence à Sofia. On peut en ajouter : Louis, leur fils, n'est pas au côté de son père quand il assiste aux matchs de l'Équipe de France de rugby lors de la Coupe du monde ; Sarkozy, couche-tôt, a fait la fête jusqu'à quatre heures du matin à Paris au soir de la victoire des Bleus contre la Nouvelle-Zélande ; il était seul à New York pour l'assemblée générale des Nations unies, alors que les amies de sa femme, Mathilde Agostinelli et Agnès Cromback, étaient présentes dans le même hôtel que lui, à Colombus Circle. Cela ne signifie-t-il pas que Cécilia devait elle aussi s'y rendre avant de renoncer au dernier moment ? Ce jour-là, il a refusé de poser pour *Paris-Match*, cela ne signifie-t-il pas qu'il ne veut pas apparaître seul sur la photo ? Mais y aurait-il mille indices que leur addition ne constitue pas une preuve. Faut-il écrire que la première dame de France a des humeurs, qu'elle est instable, qu'elle est fragile ?

Suppôts du pouvoir

« Sarkozy a menti aux Français ! » s'étranglent les blogueurs. Il a joué devant les Français la fiction du bonheur retrouvé pour mieux se faire élire. Forfaiture ! Et pire encore : les journalistes, et donc moi, nous n'avons rien dit. Honte ! Ils n'en savent rien, mais tout peut s'écrire sur la Toile, au nom de la démocratie, de la transparence. Les médias ne sont-ils pas en partie la possession de grands groupes industriels dépendant partiellement de la commande publique ? Les journalistes ne peuvent être que des suppôts du pouvoir. De ce seul point de vue, la campagne présidentielle aura été une épreuve. J'aime l'idée de la concurrence professionnelle, je suis, comme n'importe quel journaliste, excité par l'information exclusive, mais je ne concurrencerai pas ce ton d'imprécateur. Je me souviens d'une conversation avec Daniel Schneidermann, saint patron des blogueurs. Il me reprochait de ne pas avoir écrit de papier spécifique dans un

journal dont il connaît pourtant bien les usages sur
l'absence de Cécilia aux meetings de son mari pendant la campagne. Je lui réponds : « Où est le
sujet ? Babette Bayrou est-elle toujours dans la
salle des meetings de François ? Et Jany Le Pen ? Et
la fiancée de Besancenot ? » Il n'en démord pas, j'ai
été fautif, même s'il reconnaît par ailleurs que j'ai
évoqué à plusieurs reprises le rôle occulte joué par
l'épouse du candidat.

Mais, selon lui, en ne tenant pas le décompte de
ses absences j'ai caché quelque chose à mes lecteurs, quelque chose de capital, par autocensure
sûrement, par pusillanimité, par habitude puisqu'il
prétend, lui qui travaille sur les médias depuis
quinze ans sans discontinuer, que les journalistes
politiques devraient « tourner », passer de gauche à
droite et inversement pour ne pas être dépendants
de leurs sources. Et pourquoi pas le retour aux
champs ? Il argumente jusqu'à plus soif. De guerre
lasse, je lui concède que, oui, j'aurai dû. Un jour,
recensant les rumeurs qui couraient sur la Toile à
propos du couple Sarkozy, dont celle qui prétendait que le mari était coupable de violences physi-
ques sur son épouse, il a écrit ceci sur son Big-bang
blog, aujourd'hui en jachère : « Je me suis aperçu,
moi le plus précautionneux des blogueurs, que ces
rumeurs, j'avais envie de les croire vraies. Oui,
envie. Parce que politiquement je ne veux à aucun
prix pour président d'un incendiaire qui joue aux
dés la relation franco-allemande, ou qui répand,
pour faire l'intéressant, l'idée d'un gène du suicide.

Et donc, tout ce qui peut contribuer à lui faire obstacle, mon cerveau est prêt à y adhérer. Irrationnellement prêt. Dangereusement prêt. »

Je vois bien l'effort produit pour se tenir à distance de cette tentation. Mais si l'on considère que Schneidermann est loin d'être le pire dans cet exercice, cela donne une idée vertigineuse de la bêtise des autres. Après tout, je peux bien me laisser aller à mon tour à quelques jugements à l'emporte-pièce. J'ai eu mon compte de ce nouveau genre de lettres anonymes qui s'échangent sur le Net où, sous prétexte de revitaliser le journalisme, on redécouvre la presse à scandale. J'y fus traité de « ministre de l'information » de Sarkozy, de « chroniqueur attaché à ses basques », de « porte-parole ». Et j'ai même reçu, honneur que je partage avec d'autres, le titre de « laisse d'or ».

Faut-il monter sur la charrette ?

À croire que je fais tout pour me faire battre. Il existe quelque part des photos de moi dont j'espère bien qu'elles resteront à jamais la propriété exclusive de leurs auteurs. Qu'est-ce qu'on y voit ? Un journaliste au comble de la connivence ! C'était un déplacement de campagne comme un autre. Nous embarquons pour une ville de province, Perpignan je crois, dans un Falcon de la République, depuis l'aérodrome de Villacoublay. Toutes ces villes se confondent peu à peu en une cité unique traversée d'un fleuve, parcourue de rues piétonnes bordées des mêmes magasins, dotée d'un parc des expositions de verre et de béton. Il y a là, en plus de Sarkozy, Franck Louvrier, Laurent Solly, David Martinon, et peut-être le directeur général de la police nationale, Michel Gaudin. Sarkozy prend place dans le carré du milieu, je vais à l'arrière avec ses conseillers et ses officiers de sécurité. Nous nous parlerons au retour. Manque une autre journaliste. En retard. Sarkozy ne veut pas attendre. Quand l'avion décolle, nous apercevons sa voiture se garer dans le parc de stationnement, petit point noir virevoltant dans un parking désert. Trop tard pour elle. Petit plaisir : je serai seul, sans concurrence.

Au retour, il m'invite à prendre place face à lui. Nous sommes en juin 2005. Il vient de retrouver le ministère de l'Intérieur et parle déjà d'en partir : « Fin 2006, il faudra que je prenne l'air », dit-il. Cette phrase suffit à mon papier du jour. C'est son cadeau. À l'atterrissage à Paris, au moment de descendre, il avise la photographe, Élodie Grégoire, qui, à cette époque, est de tous ses déplacements. Lui : « Fais-nous une photo. Je n'en ai pas avec Philippe. » Il me prend par l'épaule malgré les centimètres qui nous séparent. Je baisse la tête pour ne pas me cogner à la carlingue. Oui, je sais, j'ai l'air d'un imbécile. Devais-je retirer son bras, feindre la surdité pour continuer jusqu'à la passerelle ? D'autres, j'imagine, pourraient se draper dans leur dignité professionnelle, argumenter sûrement, le morigéner peut-être : « Voyons, monsieur Sarkozy, cela ne se fait pas. » Moi pas.

Avoir l'air con, après tout, est le seul risque que nous encourions. Il est mince dès lors que l'on a un peu de distance vis-à-vis de soi-même et que l'on sait que nous ne sommes, au mieux, que les premiers spectateurs de son théâtre. Ainsi fut-il reproché à la presse de s'être ridiculisée en embarquant, à la suite du candidat, sur une charrette à foin lors de son dernier déplacement de campagne en Camargue, avant le premier tour. Il était à cheval (« Univers » était son nom), nous étions dans la charrette, brinquebalés, accrochés les uns aux autres pour ne pas tomber à chaque embardée du tracteur qui nous tirait. Suivre une campagne électorale, c'est aussi monter dans une charrette s'il n'y pas d'autre moyen d'assister à une scène de campagne. Ce n'est pas plus indigne que de monter à bord d'une pirogue sur le fleuve Maroni pour assister, en juin 2006, à la réconciliation du couple Sarkozy. Il est vrai que c'est aussi sa façon perverse, quoi qu'il en dise, de nous ridiculiser de temps à autre. Sa vengeance pour le mauvais traitement que nous lui ferions subir. Si ça l'amuse…

De toute façon, l'option marche à pied, avec l'air digne pour manifester son indépendance et la carte de presse coincée dans le ruban de son chapeau de paille, était vivement déconseillée par les gardians de la manade : les taureaux camarguais, nous avaient-ils prévenus, étaient peu sensibles à cette nuance. Et dire que certains esprits ont voulu nous défendre malgré nous, dénonçant la situation peu enviable dans laquelle Sarkozy nous avait mis. Je garde au contraire de cet épisode un très bon souvenir. Accrochés les uns aux autres pour ne pas tomber de notre véhicule, régulièrement éborgnés par un objectif de caméra ou d'appareil photo, instables, nous avons su faire preuve d'un bel esprit de corps ! Il se mêle à ce souvenir, peut-être parce que ce fut l'un des derniers de nos déplacements de campagne, une impression de voyage scolaire avant les grandes vacances.

Au retour, chacun d'entre nous écrivit un article sans rien masquer de la mise en scène dans laquelle le ridicule était assez bien partagé entre nous qui le subissions de notre plein gré et lui qui pensait y échapper. De plus, les photographies publiées le lendemain montraient toutes le dispositif scénique de cette dernière journée de campagne. D'un côté, le candidat, Ray-Ban sur les yeux, assis confortablement sur son cheval, de l'autre, les journalistes sur leur charrette, micros tendus, caméras à l'épaule. Le manipulateur manipulé. Personne ne fut dupe de rien. Tout était dans l'image et dans le texte. Il suffisait de lire, de regarder, de décrypter. Je sais, l'habitude se perd.

Mais revenons à nos photos compromettantes. En février 2007, sur l'île de la Réunion, le candidat sent la victoire à sa portée. « Cette élection, je commence à bien la sentir », vient-il de lâcher, au mépris de toute prudence, au deuxième jour de sa visite. Avant de repartir à Paris, la caravane fait

114

halte dans un hôtel de Saint-Gilles. Il est entouré d'une piscine labyrinthique qui serpente tout autour. On n'y nage pas, on s'y promène en nageant. Le candidat et sa suite ont abandonné leur costume sombre au profit du boxer short flottant. Ils se prélassent sur les marches qui descendent jusqu'au bleu ciel de l'eau. Quelques journalistes croisent aussi dans les parages. Sarkozy nous apostrophe : « Venez ! » Nous arrivons. Élodie Grégoire photographie ce moment de détente. Mais le candidat, de l'eau jusqu'à la taille, son ample maillot de bain dessinant une corolle autour de lui, veut sa photo. Avec ses journalistes. A-t-il un album dans lequel il les range et qu'il consulte les soirs de solitude ? Et c'est ainsi qu'on finit une deuxième fois dans la carte mémoire d'un Canon. Questions : devions-nous ignorer l'appel ? Rester en apnée prolongée le temps qu'il quitte le bassin, déguerpir sur les dalles glissantes autour de la piscine ? Une fois sa troupe évanouie, il est resté à barboter avec nous, pendant que nos doigts se fripaient peu à peu. Bavardant de tout et de rien, de la campagne, de Ségolène Royal. Il était tranquille : nous ne pouvions rien noter.

Apercevant deux consœurs qui s'apprêtaient, un peu plus loin, à se jeter à l'eau à leur tour, il les a hélées pour qu'elles nous rejoignent. Je pense qu'il avait tout simplement envie de les voir de plus près. « Je crois que vous allez me supporter encore longtemps », nous lâcha-t-il au comble de la confiance. À ces mots j'esquissai maladroitement une sorte de révérence obséquieuse. Il saisit immédiatement la référence : « *Le Grand Restaurant*, de Funès ! mon film préféré ! Quand je serai élu, je serai comme lui : ignoble avec les faibles et servile avec les puissants. » Puis, la discussion s'alanguissant, tournant en boucle autour de son nombril, je m'éloignais faire quelques brasses dans ce labyrinthe d'eau, essayant de retenir les deux ou trois phrases essentielles de ce « off » aquatique.

« *Je suis en communication avec vous* »

Enfin, il y a *la* photo. Celle-là, je l'ai trop vue, mais je n'en connais pas d'autre qui dise mieux l'atmosphère finalement heureuse de cette campagne électorale dans son sillage. C'est le charme des campagnes victorieuses : elles rendent aimables. La composition du cliché souligne à elle seule l'ambiguïté de notre relation à Sarkozy. Ce cercle que nous formons autour de lui symbolise cette clôture qui tiendrait enfermés tous ensemble le candidat et ses chroniqueurs. Assis au premier plan, il tient ses mains jointes et les yeux levés vers le ciel. N'était ce petit sourire, il aurait tout d'un officiant d'une cérémonie secrète. Et nous ne serions rien d'autre qu'une armée de disciples prêts à chanter ses louanges. C'est évidemment ce sens-là qu'ont voulu lui donner à tout prix ceux qui veulent y voir l'icône absolue de la connivence entre la presse et Sarkozy. La complicité saisie sur le vif au 500ᵉ de seconde. L'allégorie des rapports incestueux des journalistes et du pouvoir. Regardez, nous disent les déontologues, regardez la preuve indubitable qu'ils sont tous de mèche. Regardez, on vous avait bien dit qu'ils mangent tous au même râtelier, qu'ils fréquentent les mêmes écoles, les mêmes restaurants, partagent les mêmes codes ! Horreur, il y a même des comparses assis au pied de l'idole ! Horreur encore ! Ils sourient. Le syndrome de Stockholm, probablement.

L'évidence de ce cliché est telle qu'on ne peut aller contre ce symbole. Cela ne sert à rien. Ceux qui y figurent devront toujours se justifier de leur présence. Non, ils ne participent pas à un exercice d'admiration. Oui, ils sourient parce que parfois il arrive à Sarkozy d'être comique. Non, il ne sont pas en train d'écrire des odes à la gloire du candidat sur le carnet de notes que la plupart tiennent entre leurs mains. Oui, ils faisaient cercle parce que cela permet à chacun d'être équidistant de celui qui parle et de mieux entendre, parce qu'après tout nous sommes là pour ça. Oui, il était au centre parce que c'est ainsi que sont distribués les rôles et qu'il ne nous viendrait pas à l'idée de nous mettre à sa place, même si lui ne rechigne pas à prendre la nôtre.

L'histoire, la vraie, est plus prosaïque. Si Sarkozy tient les mains jointes c'est qu'il joue au devin. Comment ça ? Au devin ? Ben oui ! Une question lui avait été adressée par l'un de nous – c'était moi

– derrière son dos. À propos d'Alain Juppé je crois, et du rôle qu'il pourrait tenir dans la campagne. Et lui, joignant les mains comme un mage de comédie : « C'est bien Philippe Ridet qui me parle ? Je suis en communication avec vous. » Voilà, c'était tout. Le talent du photographe Olivier Laban-Mattei pour choisir son angle, son réflexe pour appuyer au bon moment avaient fait le reste. Une banale conversation, comme il y en aurait tant, un après-midi de septembre à l'université d'été de l'UMP à Marseille, s'était transformée en illustration de notre consanguinité et en couverture de ce livre. J'aurais beau expliquer que je n'avais jamais suivi de cours à Sciences-Po et que l'administration des Postes gardait toujours dans ses archives la trace du concours de facteur que j'y avais passé – et réussi –, j'étais fait aux pattes comme tous les acteurs involontaires de cette fausse allégorie.

10.

L'autre rupture

Aquatique ou pas, le « off », ces confidences consenties aux journalistes en échange de l'anonymat, est devenu une denrée rare dans le nouveau régime. Depuis son entrée dans le palais auquel il a longtemps rêvé, Sarkozy a saturé les médias de ses interventions et, paradoxalement frustré les journalistes de ses indiscrétions. Changement d'échelle. Fini les coups de téléphone, pour ce qui me concerne le samedi ou le dimanche matin. Je ne parle pas de son appel « d'homme à homme » pour me demander qu'on épargne Cécilia.

Ces jours-là, avant qu'il ne soit président (autant dire dans une autre vie), le ton était tout autre : doucereux, décontracté, un ton de week-end, de pull en laine et de pantalon de velours. Il faut imaginer la scène. Le journaliste est dans sa cuisine, prépare un bœuf-carottes, émince des oignons ou remplit son frigo. Et le candidat ? Que peut-il bien faire, où peut-il bien être pour m'appeler ainsi à l'improviste ? Toujours le même rituel. Une voix :

« Le ministre désire vous parler. – D'accord passez-le-moi. » Et lui : « Ça va ? Je ne te dérange pas ? » Moi, le téléphone coincé entre l'oreille et l'épaule, une queue de casserole dans une main, cherchant un stylo et un carnet de notes de l'autre : « Non, absolument pas. » Aurais-je dû lui dire : « Alors là, ça tombe mal, je prépare une daube, rappelle-moi quand j'aurai terminé » ?

Il y eut ainsi trois, quatre appels de ce genre entre le début et la fin de la campagne. En général après un discours qu'il jugeait capital : « C'est important les bons discours, me disait-il, ça marque. C'est du travail. Le discours d'hier, je l'ai écrit entièrement. Et tu as entendu le silence ? C'est ça que je recherche maintenant. Les applaudissements, ça ne veut plus rien dire pour moi. Mais le silence… » Je note, dis « oui, oui… », tente une question sur un débat en cours. Mais il poursuit son monologue. Tout à coup, il s'arrête, met fin à la conversation brusquement. Quelqu'un vient-il d'entrer dans la pièce dans laquelle il se trouve ? Se trouve-t-il un peu pitoyable d'appeler un journaliste en quémandant son assentiment ? A-t-il peur que j'y voie un aveu de sa solitude ? En raccrochant, il dit : « Je t'embrasse » comme si j'étais un de ses vieux amis ou un membre de sa famille. Ou plutôt comme on le dit chez les acteurs et les chanteurs où tout le monde s'embrasse, tout le monde s'aime dans le monde idéal des apparences.

Cela ne risque plus d'arriver. Le président ne nous confie plus ses énervements ou ses états d'âme. Pour cela, il choisit les 20 heures. Quel besoin éprouverait-il de faire du « off » puisque le « on » a aussi pour fonction de parler de lui, encore et encore. « La psychanalyse ne guérit pas, elle sauve », dit Philippe Grimbert dans un portrait que *Libération* lui a consacré. Et le pouvoir ? S'il faut chercher à tout prix une différence entre le Sarkozy d'après le 6 mai 2007 et celui d'avant, c'est peut-être là. Atteignant son but, il s'est peut-être délivré de sa dépendance vis-à-vis des journalistes. Il n'a plus besoin de nous pour se rassurer. L'audimat lui suffit. Nous avons été des vecteurs, nous ne sommes plus que des passeurs de plats. Des visages qu'il revoit avec plaisir comme un cafetier reconnaît ses habitués. Cela passe par quelques attentions : une poignée de main un peu plus longue, un sourire plus marqué, une phrase lâchée à la volée. Mais très vite, il se détourne. À quoi bon nous octroyer des égards supplémentaires puisqu'il sait que nous reviendrons.

Cela ne signifie pas qu'il n'a plus besoin des médias, au contraire, mais il peut se passer désormais de ceux qui alimentent la machine à informer. Disons qu'il n'a plus besoin de fournir d'efforts pour y tenir son rang. Candidat, il en était de toute façon l'hôte préféré, faisant grimper les audiences au gré de ses passages à la télévision ou sur les ondes. Chef de l'État, il en est le résident permanent. Ses sujets sont prévendus. Dès lors, il n'a plus qu'à se soucier de gérer son agenda en fonction des contrain es médiatiques. Chacune de ses activités quotidiennes est organisée en fonction de l'écho qu'elle rencontrera. Et chacune d'elles peut donner lieu à un « sujet » pour les 13 heures et un autre pour les 20 heures. Les télévisions ont tellement bien intégré cette contrainte nouvelle qu'elles ont doublé le nombre de journalistes chargés du suivi des activités présidentielles. Là où un seul suffisait pour rendre compte de l'Élysée sous Chirac, il en faut deux pour son successeur. Pour les chaînes d'information continue, c'est pain bénit. Sarkozy matin, midi et soir, le public en redemande. Il remplit les grilles de programmes, et en plus, il zappe tout seul d'un sujet à l'autre. Franck Louvrier, son conseiller en communication, jubile : les activités médiatisées de Nicolas Sarkozy ont augmenté de 450 % par rapport à celles de son prédécesseur. En comparaison, la hausse du salaire du président (140 ou 170 % selon les sources) paraît être une bonne affaire !

Comme de bien entendu, on vitupère sur cette présence obsédante d'un président devenu rédacteur en chef. Et si l'hyperprésidence, hormis le fait non négligeable qu'elle fait vendre du papier, était une chance pour les médias ? Une chance de redécouvrir les vertus du choix, de la hiérarchie ? Aux journalistes de décrypter au maximum les astuces et les stratégies de communication pour que personne ne soit dupe. Mais ce n'est pas à nous de nous plaindre a priori que l'agenda du chef de l'État soit trop riche. Au contraire, profitons-en pour multiplier les angles. Donnons la parole aux spécialistes de tel ou tel sujet. Sarkozy s'occupe de tout, et alors ? Que chacun s'occupe de lui dans son domaine et que les spécialistes expertisent, trient le bon grain de l'action de l'ivraie de la communication. La réforme des universités est-elle aboutie ? Le service minimum est-il efficace ? Le nouveau contrat de travail est-il nécessaire ? Le paquet fiscal est-il la panacée ? La « politique de civilisation » a-t-elle un contenu ? Sa politique étrangère est-elle la rupture annoncée ? Il n'y a qu'à l'aune de l'expertise patiente et informée que le sarkozysme doit être jugé. Pas à celle des fantasmes, des rancœurs et des regrets. C'est pas pour dire, mais il me semble que *Le Monde* n'y parvient pas si mal.

En parler, ou pas

Il a gardé son alliance à l'annulaire de la main gauche, comme le signe d'un déni de réalité. Il serre la main du premier ministre portugais José Sócrates et embrasse Angela Merkel qui, contrairement à son habitude, ne semble pas s'offusquer de cette trop grande marque d'intimité. Il donne le change, et s'efforce de ne rien montrer qui pourrait trahir sa tristesse. Exhibitionniste, sans aucun doute, Sarkozy préfère l'exposition du bonheur à celle de ses déboires. Il est arrivé le premier au pavillon Atlantique, à Lisbonne, où va commencer, ce jeudi 18 octobre 2007, le sommet européen qui doit accoucher de l'épure définitive du traité simplifié. Ce devait être son triomphe, c'est son calvaire. La presse suit sur des écrans de télévision l'arrivée des chefs d'État et de gouvernement, mais elle n'a d'yeux que pour les détails. Nous scrutons le visage du président français à la recherche d'un rictus, d'un regard brouillé, d'une moue désespérée. En vain. Sarkozy a décidé de la jouer en grand acteur de la comédie du pouvoir.

Quelques heures plus tôt, à 13 h 30, le communiqué de l'Élysée a été porté aux trois agences de presse (AFP, Reuters et AP) qui se partagent vingt mètres carrés de bureau en rez-de-chaussé au palais de l'Élysée. S'il y a un réel scandale dans la relation entre la presse et le pouvoir, celui-ci est le plus visible et semble le plus facile à régler. Tous les présidents s'en sont bien sûr accommodés. C'est comme si on mettait trois journalistes de *Libération*, du *Figaro* et du *Monde* dans la même pièce dépourvue de cloison et qu'on leur dise : « Maintenant, les gars, faites fonctionner la concurrence ! » Avis au visiteur qui, traversant la cour de l'Élysée, s'étonnerait de voir, sur sa droite en entrant, un ou une journaliste téléphoner sous un porche en plein hiver : il ou elle ne participe pas à un stage de survie, il ou elle essaye simplement de recouper une information, loin des oreilles – forcément indiscrètes vu la configuration des lieux ! – de ses voisins d'ordinateur.

Mais ce jour-là, la concurrence n'était pas à l'ordre du jour. Quand David Martinon a distribué son communiqué aux agences, son contenu n'était déjà plus une surprise. La nouvelle a été largement anticipée. « Cécilia et Nicolas Sarkozy annoncent leur séparation par consentement mutuel. Ils ne feront aucun commentaire », annonce l'Élysée. Quinze mots pour solder presque vingt ans de vie commune. Deux heures plus tard, à la demande expresse de Cécilia qui juge ce texte trop imprécis, l'Élysée reviendra à la charge par la voix de son porte-parole, pour expliquer ce qu'il faut entendre par cette expression de « séparation par consentement mutuel » : un divorce tout simplement, un divorce banal comme cela arrive dans un couple sur deux. Seule l'omission de ce mot permet de comprendre à quel point Nicolas Sarkozy a refusé la chose, avant de s'y résoudre.

La nouvelle cueille les envoyés spéciaux à Lisbonne à leur descente d'avion. Avec trois confrères, nous prenons un taxi jusqu'au centre-ville. Nous nous photographions, potaches attardés, devant l'enseigne du café Nicola sur la place Dom Pedro-IV. J'ai peu écrit sur cette histoire : je n'avais pas d'informations particulières en mesure de confirmer les indiscrétions lues ici ou là. Il y a eu de longs débats dans les rédactions : Comment en parler ? Quand en parler ? Certains journaux ont décidé, même en l'absence d'informations vérifiées, d'en faire mention. Pour ne pas encourir le reproche d'avoir su et de n'en avoir rien dit, ils ont multiplié les allusions aux rumeurs de dissensions au sein du couple Sarkozy. D'autres ont opté pour caler la

parution de leurs articles, pour la plupart déjà
p êts, sur l'annonce officielle de l'Élysée. Je n'avais
pas de religion sur la question : les deux options me
paraissent finalement honnêtes et je pourrais tout
aussi bien défendre l'une ou l'autre. J'avais télé-
phoné à tous ceux qui, à l'Élysée, étaient supposés
savoir et dont je savais qu'ils ne me diraient rien.
C'était la règle. Leurs réponses négatives et mécani-
ques ne me trompaient pas, mais je devais m'en
contenter. Au fond de moi, j'étais déçu qu les
rumeurs l'emportent et en même temps, content
que le portrait de Cécilia laissé « au marbre » finisse
par paraître et que cette histoire s'achève.

Ne disposant d'aucune information, je fus néan-
moins contacté par le site Internet du *Monde* et
deux radios pour donner mon point de vue.
J'acceptai après avoir dit que je ne savais rien. À
l'autre bout du fil, on insistait. En la circonstance,
importait moins ce que je savais que ce que j'étais
censé savoir. Présenté comme « spécialiste » de
Nicolas Sarkozy ou comme « journaliste qui suit
Sarkozy depuis plusieurs années », j'étais supposé
pouvoir anticiper les conséquences politiques et
personnelles de l'échec sentimental du chef de
l'État. Je fus docte. J'expliquais que Cécilia avait
moins d'influence politique qu'on ne le croyait,
que ses avis n'avaient pas toujours été suivis par son
mari. Avait-elle souhaité qu'il abandonne la politique après les échecs de 1995 et des européennes de
1999 ? Sarkozy ne l'avait pas écoutée. Voulait-elle
qu'il restât ministre des Finances en 2004 plutôt

que de prendre la présidence de l'UMP ? Sarkozy était passé outre. Je livrais également une autre analyse à propos de l'impact du départ de Cécilia sur une partie de l'entourage du président, prédisant à certains, que l'épouse du chef de l'État avait promus, une prompte période de disgrâce. Pourtant, je n'en savais rien, je n'avais parlé à personne, j'improvisais et essayais d'être crédible comme le spécialiste que l'on voulait croire que j'étais. « Alors, la peopelisation, c'est fini ? » m'interrogeat-on également. Je répondis, carrément visionnaire cette fois : « Ça ne fait que commencer. »

Cynique ? Sûrement. Faussaire ? Pas tout à fait. À force, j'étais bien devenu ce « spécialiste ès Sarkozy ». J'avais des titres à faire valoir. Je pouvais produire des centaines de papiers écrits au *Parisien* ou au *Monde* pour attester du sérieux de mes travaux. On l'avait vu me prendre par les épaules, j'avais posé avec lui, recueilli quelques confidences, m'étais trouvé parfois au bon endroit. Il n'en faut pas plus. J'avais consacré une grande part de ma vie professionnelle à ce personnage « qui n'était pas mon genre ». J'étais même capable, sans trop d'effort, de deviner ses raisonnements, d'anticiper ses réactions. Oui, je le connaissais et peut-être mieux que je ne connais certains de mes amis. Ce divorce prévisible ne constituait pas seulement un « sujet », c'était aussi, comment le dire ? une préoccupation. À force de passer mon temps à le suivre, il m'est arrivé de compatir à ses échecs et de me réjouir de ses succès. Oui, voilà, j'étais bêtement

« préoccupé » par ce qui lui arrivait et en déclarant que, selon moi, le pouvoir pouvait être un garde-fou contre une éventuelle dépression, je ne faisais que l'espérer pour lui.

La vérité, c'est que cet homme a fait exploser le cadre étroit et policé du journalisme politique. L'époque, il est vrai, l'y a un peu aidé, qui veut tout connaître de ses élites comme de ses idoles. Le suivre n'est pas seulement s'attacher à son expression et son action publiques. Il faut encore le regarder, l'épier, le deviner dans ses pensées secrètes et ses états d'âme. Il sort du cadre et nous avec lui. L'autre jour, un journaliste m'interroge pour une enquête : « Pourquoi avec Sarkozy faut-il toujours tout ramener au psychologique ? » Bonne question à laquelle j'ose quelques réponses : il ramène tout à lui, donc à sa psychologie ; il est plastique et masque mal ses émotions ; il mêle vie privée et vie publique ; il développe chez ses suiveurs un sens aigu de l'observation. Si Mitterrand et Chirac étaient des sphinx, alors Sarkozy est un livre ouvert pour peu qu'on ait du goût pour ce genre d'ouvrage d'autant que c'est lui qui, en général, tourne les pages.

Pendant la campagne, ses discours étaient truffés d'incises, d'allusions laissant entendre que la conquête du pouvoir était avant tout une souffrance et que son exercice serait pire encore. À Tours, il a parlé d'une « ascèse, d'un oubli de soi et sans doute de la mise entre parenthèses de son bonheur personnel ». À Paris, lors d'un discours consacré à l'amour

il a lancé : « Des épreuves, j'en ai connues et je sais
qu'avec la voie que je me suis choisie, l'ambition que
je me suis fixée, j'en connaîtrai d'autres. » Au philosophe Michel Onfray, il avait expliqué : « Pendant
longtemps, j'ai vu la politique comme une façon de
vivre. J'arrive au moment où je suis plus proche du
but que je m'étais fixé il y a des années. Je suis en
train de comprendre la gravité du choix que j'ai
fait. J'ai moins de bonheur à faire de la politique
aujourd'hui que j'ai pu en avoir par le passé. J'en
suis le premier étonné. » Mais de quelle souffrance
parlait-il ? Se contentait-il de rappeler celles par lesquelles il était passé, faisant ainsi de sa première
rupture avec Cécilia une sorte d'étape sur un parcours initiatique ? Ou anticipait-il celles qu'il aurait
à affronter par la suite, une fois parvenu au sommet ? Lui aussi paraissait prendre date, semant des
indices comme pour pouvoir dire plus tard : « Je
vous avais prévenus. » Le « spécialiste » que j'étais
avait même tenté d'en faire un papier, mais, faute
d'éléments plus probants, cela ne tenait pas et
l'article était resté « au marbre », ce grand cime-
tière des idées mortes.

Le soulagement

Sarkozy resta invisible jusqu'au lendemain. Le
soir du 18 octobre, alors que les vingt-sept pays de
l'Union européenne avaient trouvé un accord sur
le contenu du traité simplifié qu'il avait promu et

négocié, il ne vint pas voir la presse ainsi que le firent la plupart des chefs d'État et de gouvernement. Ce succès était le sien, mais il préféra regagner le Sofitel de Lisbonne, laissant à son porte-parole, David Martinon, le soin de le présenter aux journalistes.

Quel contraste avec le précédent sommet à Bruxelles, au mois de juin ! Pendant les négociations sur le traité simplifié qui se déroulèrent jusqu'à l'aube, nous avons été tenus informés de la moindre avancée, de la moindre difficulté. Un direct assuré par le chef de l'État lui-même ou par son porte-parole. Chaque initiative de Sarkozy faisait immédiatement l'objet d'un commentaire. Le président avait tenu deux conférences de presse en vingt-quatre heures, en compagnie de Bernard Kouchner et de Jean-Pierre Jouyet, le secrétaire d'État aux Affaires européennes. Nous n'avions rien ignoré des résistances de l'un ou l'autre des chefs d'État ou de gouvernement et, surtout, rien des efforts consentis par Sarkozy pour en venir à bout. Les jumeaux polonais Kaczynski faisaient-ils de la résistance ? Aussitôt, le président se mettait en quatre pour les amadouer, et le faisait savoir. Jouant des relations des uns avec les autres, utilisant toutes les ficelles de la négociation et de la pression politique, il était venu à bout de ses interlocuteurs. On le disait trop pressé, il avait fait montre d'une appréciable patience.

Tous ces détails nous étaient aimablement fournis par son porte-parole David Martinon. Pour l'occasion, il avait expérimenté, à l'aide de son téléphone portable relié à la sono de la salle de presse française, le compte rendu en direct des ultimes tractations. « On le tient, on le tient », tels avaient été ses derniers mots quand Jaroslaw Kaczynski avait fini par consentir à un ultime sacrifice. À 4 h 30, ce 23 juin, le président était apparu, fier et radieux, incitant les journalistes qui avaient sommeillé sur la moquette de la salle de presse dans l'attente du dénouement à lui tresser sa couronne : « C'est le sommet le plus important depuis des années, vous qui êtes des spécialistes, vous pouvez l'écrire. » Avant de nous laisser à nos travaux, il avait encore lancé : « Une semaine comme ça, ça compte dans la vie d'un président. Cela ne fait que commencer, vous savez que j'ai été élu pour cinq ans... » Rire de Kouchner, sourire de Jouyet.

Mais à Lisbonne, quatre mois plus tard, pas de triomphe, pas d'injonction à sortir nos superlatifs, et pas de Sarkozy pour tout dire. Puisqu'il était invisible, nous invitâmes à dîner Franck Louvrier et Véronique Waché, les deux membres du service de presse de l'Élysée, présents au sommet, dans un restaurant d'inspiration hispanique. L'atmosphère était légère comme cet air de fin d'été sur la capitale portugaise. Ils semblaient soulagés de ne plus avoir à mentir ou à se murer dans un silence opaque, de ne plus avoir à justifier maladroitement les absences de Cécilia. Cette histoire, qui pendant deux années les avait obligés à marcher sur une corde raide, sans prendre, du moins officiellement, parti ni pour l'un ni pour l'autre dans les déchirements d'un couple, était derrière eux.

Le lendemain, la conférence de presse finale du chef de l'État, pourtant inscrite à son programme, ne fut confirmée que fort tard. Sarkozy ne voulait assurément pas voir de journalistes ce jour-là, redoutant de devoir affronter une question sur sa vie privée. « Une conférence de presse ? Hummpff... rien n'est sûr », répétait Franck Louvrier dont la lèvre supérieure se retrousse quand il ment. Le président sécha son jogging rituel, laissant poireauter durant une demi-heure au pied de l'ascenseur du Sofitel un Bernard Kouchner qui avait revêtu la tenue de rigueur, short et tee-shirt. Lassé, le ministre des Affaires étrangères remonta se changer dans sa chambre et méditer sur les déboires de la vie de courtisan.

Pour tuer le temps, je lus l'entretien accordé à *L'Est républicain* par celle qui est devenue en vingt-quatre heures l'ex-femme du président. Elle y racontait ses doutes, expliquait sa décision, se justifiait. Je m'enflamme, je trouve l'exercice assez bien maîtrisé. Au « Tu trouves ça bien toi ? » que me lança une attachée de presse de l'Élysée avec un regard un rien désapprobateur, je compris que je m'égarai. Les camps s'étaient reformés. Il n'y aurait désormais plus personne pour défendre Cécilia disparue. Au même instant ou presque, un confrère me glissa à l'oreille le nom de la journaliste du *Figaro* qui était sortie, quelques mois auparavant, de la vie sentimentale de Sarkozy : « Il paraît qu'elle était dans l'avion de Sarko pour Lisbonne. Tu es au courant ? » Ben non, comme toujours…

Non, je ne le suis pas. Mais l'après-Cécilia est déjà lancé. Les rumeurs reviennent et avec elles l'impossibilité de les vérifier. Rumeurs folles et tellement prévisibles : la femme s'en va, la maîtresse revient. La rumeur manque toujours d'imagination, elle recycle le trio amoureux du théâtre de boulevard. Elle est bourgeoise. En fin de matinée, Louvrier annonça que le président, finalement, rencontrerait la presse tout en ajoutant : « Il n'a jamais été question qu'il ne le fasse pas. » Passons.

11.

Descente aux enfers

Qui s'y colle ? Car c'était bien ce dont il s'agissait à présent : décider qui d'entre les journalistes politiques français allait poser la question sur le divorce du président de la République. Considérez un peu la portée historique de l'événement ! Jamais en France la question n'avait été posée au chef de l'État, et pour cause, jamais l'un d'entre eux ne s'était retrouvé dans la situation de devoir y répondre. Au pays du Roi-Soleil, la vie secrète des monarques et leurs avatars ont toujours passionné les foules en dépit d'une législation sévère, et d'une pratique contrainte. Je n'y voyais pas que des inconvénients ; certains, au contraire, condamnent cette prudence derrière laquelle ils devinent une censure masquée. Le débat court toujours entre partisans du déballage et soutiens à la cause de la tradition française de la discrétion. Il n'a pas fini de courir au train où va le sarkozysme dans lequel vie privée et vie publique se superposent au point que la première fait parfois oublier la seconde. La vie privée ? Nous étions quelques-uns à l'avoir déjà abordée avec lui dans le catimini du « off ». Mais là, c'était une autre affaire. *La* question du divorce devait être posée.

La réponse, à coup sûr, ne nous apprendrait rien. Elle avait dû être déjà discutée, préparée, calibrée. Personne ne s'attendait à ce que le président fonde subitement en larmes, se mette à insulter sa propre épouse ou fasse l'aveu que leur tentative de rabibochage n'avait été qu'une fiction destinée à se faire élire plus facilement. C'était avant tout une question de crédibilité et une question d'honneur vis-à-vis de la presse étrangère, toujours prête à se poser en exemple d'un journalisme pugnace et sans ménagement pour les puissants. La plupart des envoyés spéciaux, tous spécialistes des questions européennes, s'abritèrent derrière leur charge pour passer leur tour.

Restaient quatre journalistes politiques en mesure de relever ce petit défi. Nous écartâmes le plus jeune du casting pour ne pas envoyer un bleu seul au front et convînmes que tout bien réfléchi, tout bien pesé, c'était moi qui prendrais le moins de risques dans cet exercice de lèse-majesté. J'étais le plus âgé, je connaissais Sarkozy depuis plus de dix ans, mon journal n'avait pas péché par une surenchère dans la révélation des difficultés du couple présidentiel. Bref, autant de raisons qui me désignaient naturellement au sacrifice. Mais je gardais espoir malgré tout qu'un journaliste étranger, moins concerné et donc plus audacieux, fasse le travail à ma place !

J'écrivis ma question, en élève appliqué, sur mon carnet pour être sûr de ne pas la bredouiller au moment de prendre la parole : « Dans quel état d'esprit êtes-vous au lendemain de l'annonce de votre divorce ? » Trop général. Autant lui demander carrément « Comment ça va ? » Non vraiment trop vague, trop complaisant. Pour bien montrer à quel point j'étais prêt à toutes les audaces et à sauver la réputation chancelante de la presse française – et donc la mienne –, j'en ajoutais deux autres : « Avez-vous lu l'interview de votre ex-épouse dans *L'Est républicain* parue ce matin ? Partagez-vous son analyse sur l'échec de votre couple ? » Je le reconnais, ce n'était pas très chic de lui demander son avis sur le long entretien que son épouse avait accordé après que l'Élysée eut annoncé que les Sarkozy « ne feraient aucun commentaire ». Mais, comme on dit chez les internautes, « les Français ont le droit de savoir ».

Installé à quatre rangées de son pupitre, face à lui, je levai consciencieusement le bras pour demander le micro. Une question, deux questions, trois questions passèrent. Le micro virevoltait autour de moi, passant d'un collègue à l'autre, distribué par le service de presse de l'Élysée, mais il ne me fut pas donné. Quatre, cinq, six questions : mon bras s'alourdissait comme lorsqu'on repeint un plafond. Enfin le micro me fut donné et avec lui l'occasion de manifester notre indépendance.

Ma question ne l'a pas pris au dépourvu. Sa réponse ne m'a pas surpris non plus. Elle est brève et se découpe en quatre séquences d'égale importance : « Les Français m'ont élu pour travailler, pas pour que je commente ma vie privée. » Suit un silence de deux à trois secondes. Puis il reprend : « J'aurais tellement aimé qu'un grand journal comme *Le Monde* puisse se passionner pour l'Europe plutôt que pour ma vie privée. Mais après tout, c'est sans doute de ça qu'on doit être flatté. » Pour me donner une contenance, je prends sa réponse en note sur mon calepin, mais ma main tremble. Je la trouve plutôt bien envoyée. J'aime bien ce « c'est sans doute de ça qu'on doit être flatté ». Il y a un côté vieille rhétorique qui me plaît et que, j'imagine, il goûte encore plus. Il reprend à nouveau : « Qu'est-ce que vous voulez que je vous dise ? » À cet instant, on sent bien qu'il fait un effort, mais voilà, malgré toute la bonne volonté dont il veut faire preuve, il ne parvient pas à en dire plus. Il joue bien. Il est parfait dans son rôle, outragé mais pas trop. « Les Français ne m'ont pas élu pour autre chose que travailler, travailler et encore travailler. » De quels Français parle-t-il ? Ceux d'un sondage paru le matin même selon lequel une grande majorité des personnes interrogées juge son divorce de « peu d'importance », ou ceux qui se ruent sur les sites Internet pour y découvrir des informations toutes fraîches et se précipiteront le lendemain dans les kiosques pour acheter journaux et magazines qui tous ou presque consacreront leur une à Cécilia Sarkozy ? Mais cette démonstration ne suffit pas à son triomphe, il lui faut encore marquer sa supériorité d'un dernier envoi. C'est la quatrième séquence, celle du fiel : « Pour le reste, ils ne me demandent aucun commentaire. Ça les intéresse beaucoup moins que vous, et ils ont raison. Peut-être ont-ils également plus de pudeur, de discrétion, oserais-je dire, un poil d'élégance en plus. »

Kamikaze et chaussettes

À quoi tient la gloire ? À un malentendu. Me voici félicité, congratulé. L'honneur de la presse française est sauf et je l'ai relevé d'une simple question ! On me plaint même d'avoir été ainsi publiquement mis en charpie. Je joue au martyr, arborant le sourire bienheureux de celui qui sait pardonner les offenses. J'ai fait ma BA, il ne m'en a coûté qu'un peu d'adrénaline. Sarkozy a pu briller sans trop de peine. Un peu plus tard, je reçois un SMS de Franck Louvrier : « Nous, on aime bien ton élégance. » Tout est pardonné donc. Le jeu de rôle a fonctionné à plein. La presse est ravie, le président tout autant. Dans l'avion, il lâchera en rigolant à un collaborateur : « Ridet est venu en kamikaze, il est reparti en chaussettes. » Kamikaze je ne l'étais pas, en chaussettes encore moins. Mais qu'importe, s'il s'agit là de la version qu'il veut conserver de cette péripétie, je ne la lui conteste pas. Je lui aurais au moins donné l'occasion, punching-ball idéal, de regagner un peu d'estime de soi. Cinquante-deux ans et deux divorces au compteur, ce ne devait pas être facile à assumer. Sincèrement, je le plaignais.

En tout cas, nous étions prévenus : le président ne lâcherait rien. Il serait hargneux, sur ses gardes, rendant coup pour coup. Entre mai 2005 et juin 2006 lors de la première escapade de son épouse, il avait laissé entrevoir ses failles que chacun dans son entourage s'efforçait de colmater. C'est dans cette période que la Firme Sarkozy s'est montrée la plus efficace, l'entourant de prévenances, meublant les temps morts de son agenda, couvrant et encourageant sa liaison avec la journaliste du *Figaro* en qui il virent non seulement une possible future épouse mais également la régulatrice de ses humeurs. De conseillers, ils devinrent pour certains d'entre eux amuseurs ; d'amuseurs, ils se firent confidents.

Commença alors pour Sarkozy une période étrange. Sûr de lui dans les meetings, il paraissait désarmé une fois les applaudissements passés. Comme absent à lui-même et au décor qui l'entourait, il cherchait dans le regard de ses suiveurs, conseillers, journalistes, « une preuve de vie ». « C'était bien, hein ? » questionnait-il, rudoyant son interlocuteur, à la sortie d'une réunion publique, à l'issue de la moindre conférence de presse. Alors que penchés sur nos ordinateurs, nous rédigions notre article pour le lendemain, il apparaissait dans les salles de presse, un manteau bleu marine passé sur une chemise blanche ouverte, comme un peignoir sur les épaules d'un boxeur. Sa voix un peu épuisée, le visage étonnamment détendu, déserté de ses tics habituels, il arpentait encore un instant le lieu de son succès d'un soir. Rock star fatiguée et pas pressée de rentrer, il semblait chercher sur nos visages et dans nos commentaires un dernier écho de son triomphe.

L'été 2005 avait été terrible. Les psychologues et les conseillers matrimoniaux le savent : il y a deux périodes à éviter pour conduire à bien une séparation : avant Noël et avant les vacances d'été. Dans ces moments-là, la solitude est plus pesante et confine à la dépression. Les remords y sont également plus vifs. C'est la saison des familles heureuses et il est préférable d'avoir la sienne intacte. Il avait passé une partie de ses vacances sur le bassin d'Arcachon dans la villa louée chaque année par sa mère. Joué au football avec Jean-Pierre Papin, fait du footing avec Bernard Laporte et du jet-ski avec le plus jeune de ses fils. Pierre Charon avait été réquisitionné pour apporter sa bonne humeur et organiser les loisirs du candidat. Sarkozy appela quelques-uns d'entre nous au téléphone, pour passer le temps peut-être. Des femmes surtout. Il voulait les voir subitement, leur enjoignait de le rejoindre toutes affaires cessantes. « Qu'est-ce que

tu t'emmerdes à Grenoble ou au fin fond du Gers ?
Viens me voir. »

Un récital privé

Les conseillers veillaient, empressés. Prêts à le
servir à toute heure du jour ou de la nuit. Dès septembre 2005, près de cinq mois après la fugue de
Cécilia en Jordanie, lors de l'université d'été de
l'UMP à La Baule, ils se firent protecteurs. Tout
allait mal alors pour le candidat. Dominique de
Villepin lui contestait le leadership de la droite.
Neptune en maillot de bain, il se jetait dans les
flots de l'Atlantique à la fin de son jogging, tandis
que Sarkozy, Ray-Ban vissées sur les yeux, prétex-
tait un « refroidissement » pour ne pas courir avec
lui ce matin-là et surtout ne pas avoir à se confronter physiquement avec ce premier ministre qui le
dépasse de deux têtes et court bien mieux que lui,
plus longtemps et plus vite. Un soir, nous nous
étions traînés à sa suite pour une promenade sur
la plage. « Allez, venez, on va faire un tour », avait-
il dit. Partis à quelques-uns, nous nous retrouvâmes bientôt deux dizaines à marcher derrière lui,
essayant de nous tenir au plus près. Dans ses
moments-là, si vous tenez une bonne position, il
ne faut pas la lâcher. Un instant d'inattention et la
place est prise ! Nos pas faisaient craquer les
coquillages sur le sable. Il murmurait plus qu'il ne
parlait. Distant, un peu las, comme revenu de tout,

il cherchait à se composer une attitude. Il connaissait nos regards.

Comme à son habitude, il tient le décompte des jours qui le séparent de la présidentielle, pour démentir toute impatience : « Qu'est-ce que dix-neuf mois quand on attend depuis trente ans ? » Il confia, se voulant plein de sagesse et détaché : « Pour moi, les succès ont toujours été plus difficiles, les défaites plus dures, les épreuves plus cruelles. » On croirait entendre un extrait de discours à venir quand surgira le moment de « fendre l'armure ». Le voyant passer sur la plage, de jeunes militants l'interpellèrent afin qu'il les rejoigne un instant. Il les regarda au loin, puis lâcha entre ses dents : « Autrefois, ça me faisait quelque chose cette notoriété. Aujourd'hui, je m'en fiche.»

Un peu plus tard, il s'installa à la terrasse d'un restaurant, entouré de ses conseillers et des journalistes à qui il n'avait rien à dire mais qu'il ne pouvait, malgré tout, se résoudre à quitter. L'un de ses amis, Didier Barbelivien, parolier et chanteur, était là, lui aussi, qui eut tôt fait de se retrouver sa guitare entre les mains. Sarkozy ne voulait pas parler, mais il fallait bien offrir quelque chose aux médias, ou à défaut leur renvoyer une image rassurante. Un contre-feu à la rumeur qui le disait déprimé. Bientôt transformé en juke-box humain, Barbelivien interpréta des succès populaires. Sarkozy demandait, le chanteur interprétait, bientôt imité par bon nombre des journalistes présents qui assurèrent les chœurs. Ce karaoké d'un nouveau genre n'avait d'autre objet que de faire la preuve que le candidat se portait bien malgré quelques désagréments mineurs, tels que la concurrence de Dominique de Villepin, la haine de Chirac et le départ de sa femme ! Il surprit son public en interprétant *Parachutiste* de Maxime Le Forestier : « Ben oui, je connais ça aussi. » Ce fut peut-être le premier signe de l'ouverture. Il passa inaperçu.

Installés dans son dos, Laurent Solly, Pierre Charon, Frédéric Lefebvre et Franck Louvrier préparaient des vodkas-citrons. Quand l'un d'entre nous demanda au chanteur d'interpréter *L'Été indien* (« On ira où tu iras, quand tu voudras, et l'on s'aimera encore lorsque l'amour sera mort »), les autres firent de grands gestes en direction de Barbelivien afin qu'il s'abstienne d'entonner le refrain de cette chanson douloureuse aux oreilles d'un homme blessé. Ils lancèrent en chœur les premières mesures de *Cours plus vite Charlie*, aussitôt reprises par Nicolas Sarkozy qui tient cette chanson un peu oubliée de Johnny Hallyday pour un hymne au volontarisme, un éloge de la concurrence, et une incitation à pratiquer la course à pied. Bref, une minibiographie. Paroles : « Le paysan nommé Charly/ avait dit à son voisin Jean/ Nous aimons je crois la même fille/ depuis déjà longtemps/ faisons alors une course/ à travers tout le pays/ celui de nous deux qui gagnera/ épousera Lucie/ cours plus vite Charly, tu gagneras/ ne te retourne pas/ cours plus vite Charly, tu gagneras/ la fille sera pour toi... ouh. » Pendant sa campagne il disait aussi souvent : « Je suis comme Forrest Gump. Je cours. Je ne dois pas me retourner. » Quand le répertoire fut épuisé, le candidat improvisa : « Si j'étais président de la République /Fillon serait premier ministre/ Devedjian à la Justice/ Et Raffarin rien du tout. » À un nouveau signe des conseillers, Barbelivien remballa sa guitare. Le spectacle était terminé. Nous regagnâmes nos chambres, un peu médusés.

Avec le recul, cette soirée peut être vue comme la scène primitive du sarkozysme, le climax des rapports ambigus entre les journalistes et le candidat. Elle laissa plus d'un d'entre nous dans un malaise profond avec le sentiment d'avoir été piégés, enrôlés dans une figuration honteuse. Pas faux. Quelques-uns, les plus avisés, ne chantèrent pas, se contentant d'observer, d'autres le firent et le regrettèrent après coup, peu quittèrent le théâtre de l'événement. Déjeuner avec un politique, c'était l'ordinaire, le laisser payer, ça se faisait, partager son avion, c'était courant, faire quelques brasses de conserve dans la piscine d'un hôtel au cours d'un voyage officiel, passe encore. Mais chanter et s'amuser des mêmes choses, se découvrir des références communes, être cul et chemise l'espace de quelques heures arrosées ? Nous avions tous plus ou moins démenti toute forme de connivence et voilà que nous finissions par y céder, par curiosité, par faiblesse, dans l'espoir que cette incroyable soirée nourrisse un jour un article ou un livre. Et moi ? J'assumais, comme toujours. Repoussais les critiques. Ressortais ma vieille théorie du camouflage, mais, je dois l'admettre, en la circonstance, j'étais un peu penaud.

« *Je ne finirai pas comme Baudis ou Balladur* »

Un mois plus tard, le candidat, ses conseillers et sa troupe de journalistes embarquèrent, en octobre 2005, pour une visite à l'île de la Réunion à bord d'un avion de la République, un Airbus A 319 habituellement réservé aux déplacements du chef de l'État. Sarkozy n'était pas peu fier d'avoir obtenu cette faveur. À l'aéroport, il avait produit son petit effet en apparaissant en jeans, chemise blanche, mocassins et pull de cashmere gris perle à col en V. « Vous avez vu, je suis habillé comme un journaliste », avait-il lancé à la cantonade, ravi de son effet. Accompagné de son fils Pierre, il s'installa dans la partie avant de l'appareil transformée en salon et chambre à coucher, pour réapparaître, sitôt après le décollage, pour une première conversation « off » avec nous. Il y en eut tellement durant ce court séjour de quarante-huit heures que nous ne savions même plus quoi lui demander. Villepin, Chirac, l'UMP, la gauche, Ségolène Royal, Laurent Fabius, l'UDF, tout y était passé. Il n'allait guère mieux qu'en septembre, vibrionnant et agité de tics, mais il gardait cette faculté d'avoir réponse à tout. À Paris, les hebdomadaires titraient sur la « nouvelle vie de

Cécilia ». Il devait, lui, montrer qu'il n'en était pas affecté. Pour la première fois paraissait un sondage dans lequel Dominique de Villepin le dépassait. Ce serait la seule fois mais il ne le savait pas encore.

Alors, le futur candidat parla au grand désarroi de son attaché de presse, Franck Louvrier, qui ne savait l'arrêter. Il parla de lui, un peu des autres et encore de lui. Assis sur l'accoudoir d'un des fauteuils, contraignant son occupant à se tasser de l'autre côté, sa troupe rassemblée autour de lui, il était à son affaire. Si proche de son public. Sa vie privée était un chantier, les chiraquiens se faisaient plus pressants : il lui fallait donner le change au plus vite, présenter son meilleur profil, prouver qu'il était bien cet homme inoxydable revenu de deux traversées du désert. « Les voyages lâcha-t-il, ça permet de sortir du chaudron parce qu'à Paris, la seule chose qui compte, c'est me cibler, me cibler, toujours moi. » Pourquoi, dit-il aussi, « les endroits qu'on aime sont ceux qu'on visite avec les gens qu'on aime. On peut être dans le plus bel endroit du monde, si on est avec quelqu'un qu'on n'aime pas, c'est sinistre. C'est vrai, hein, Philippe ? ». À qui pensait-il, à quel lieu en particulier ? Ou bien se contentait-il de faire des phrases ? Qu'importe, nous notons, notons, interminablement. Un jour ou l'autre, l'une d'elles pourra resservir. C'est ainsi que nos calepins se remplissent de paroles mortes qu'un événement ressuscitera peut-être.

À l'escale de Djibouti, il fait attendre une demi-heure l'ambassadeur venu lui présenter ses hommages. Sarkozy envoie des SMS.

Nouveau décollage. Quand il ne vient pas à l'arrière de l'appareil, il convoque certains d'entre nous à l'avant pour partager son repas. Il veut convaincre que cette rentrée qui le voit affronter simultanément un problème politique et un déboire sentimental le laisse indemne. Il revient sur les journées de La Baule : « Soit j'étais souriant, et vous alliez écrire que je draguais tout le monde, soit je faisais la gueule et alors, pour vous, j'étais terrassé. » Deux ans plus tard, recevant la presse à Marrakech, une semaine après son divorce, il usera quasiment de la même formule : « Si je suis souriant, on dira que j'en fais trop, si je ne souris pas, vous allez dire que je vais mal. » Et être lui-même tout simplement, y a-t-il jamais pensé ? Une fois arrivé à la Réunion, à la terrasse de l'hôtel, il continue de fanfaronner malgré cet automne lugubre. La concurrence avec le premier ministre ? « Je m'en fous, le meilleur sondage, c'est passer une journée avec moi et de voir les gens sur le terrain… » Ne rien lâcher, encore et toujours, ne pas se montrer un seul instant dans une position de faiblesse. Enfantin et, pour cette raison, touchant.

Quarante-huit heures plus tard, nous rembarquions pour Paris. Il reprit sa navette entre l'avant et l'arrière de l'appareil. Un peu pitoyable, incapable d'être seul un instant. Il vint s'asseoir une fois de plus sur un accoudoir et, comme s'il continuait la même conversation, recommença la litanie de ses justifications. Pour nous prouver qu'il était au-dessus des vicissitudes qui l'accablaient. À Paris, Villepin faisait face avec fermeté à une grève dure de la SNCM qui avait coupé depuis plusieurs jours toute navigation entre la Corse et le continent. Allait-il lui ravir le monopole de l'autorité ? Et dire qu'on ne lui avait même pas demandé son avis... « J'avais une solution », se lamentait-il. Il se prit devant nous à rêver d'une autre vie : « Je peux faire autre chose que de la politique. Je peux faire avocat. Je peux gagner de l'argent. »

Est-ce ce jour-là ou un autre qu'il rêva de « posséder une maison dans le midi pour donner des racines à ses enfants » et de « prendre des week-ends de trois jours comme tous les Français » ? « Je ne finirai pas comme Baudis ou Balladur », enchaîna-t-il avec mépris pour ceux qui ont, selon lui, mal survécu à leur ambition. Lui, dit-il, peut être embauché par Bouygues du jour au lendemain : « Je peux gagner de l'argent. » Mais il se reprend : « D'abord je fais président, puis je fais avocat. » « Faire président... », comme s'il ne s'agissait que d'endosser un habit, comme le petit garçon des années soixante qu'il fut et qui, avec un pistolet de ferblanc, une étoile de shérif et un gilet à franges, se prenait pour un cow-boy. Interloqués, nous griffonnions nos notes, pour ne rien perdre de cet instant rare où il perdait pied. À dix mille mètres au-dessus de l'océan Indien, le candidat flottait entre deux rêves : devenir président de la République et « pouvoir sortir le dimanche soir dans Paris comme tout le monde ». Le concernant, la première hypothèse paraissait plus réaliste. Mon carnet étant resté dans ma valise, je me saisis d'un sac en papier à l'usage des passagers en proie au mal de l'air pour y écrire mes notes, hélas perdues depuis.

« Icham, Bruno ! mes deux héros ! »

Un président de la République ne souffre pas. Candidat, il pouvait faire état de ses difficultés conjugales « comme des millions de Français », avait-il dit à la télévision en mai 2005. Il pouvait, comme lors de ses vœux au conseil général des Hauts-de-Seine en janvier 2006, confier : « La vie et les difficultés sont les mêmes pour tout le monde lorsque l'on se retrouve seul le soir dans sa chambre. » Chef de l'État, il doit cacher ses états d'âme et montrer l'exemple du bonheur. Du moins c'est ce que j'avais cru. D'ailleurs, à qui parlerait-il de ses déboires ? Avec qui pourrait-il évoquer cette impression de vague dégoût qui peut-être s'emparait de lui en fin de soirée quand les lumières s'éteignent à l'Élysée. « Je n'ai pas d'amis, je n'ai que des collaborateurs », m'avait-il déjà prévenu. Yasmina Reza me confie son regret de ne pas avoir intégré dans le récit de son dernier tête-à-tête avec Sarkozy, dans son bureau de l'Élysée, l'aveu qu'il lui a fait de sa solitude. « Quand tu te retournes, lui a-t-elle demandé, tu n'as personne. – Non, lui a-t-il répondu, je suis seul. » Elle trouvait qu'il y avait un peu trop de pathos dans cette réplique, que cela sonnait un peu comme le cliché de « la solitude du pouvoir ». Elle n'avait pas tort.

On pourrait l'énoncer ainsi, brutalement : Sarkozy n'a pas d'amis. C'est sans doute une des raisons pour lesquelles les journalistes ont pu profiter si longtemps de sa présence : nous l'occupions. On m'a raconté (sans doute un confrère au cours d'un de ces dîners d'après-meeting où les informations s'échangent entre deux verres de vin) qu'il avait passé le réveillon de l'année 2005 à Beauvau, en compagnie de sa nouvelle compagne journaliste, du couple Guéant et du comique Jean-Marie Bigard et son épouse. La seule évocation de ce casting improbable me plonge dans un cafard noir. J'y vois – mais je suis sûrement trop sensible – le signe d'une détresse absolue. Réunir, ne serait-ce que pour une soirée où il est interdit d'être seul, son principal collaborateur et un comique pas si drôle est, selon moi, la preuve irréfutable de la dépression.

Au Maroc, où il effectue un voyage officiel, une semaine après l'annonce de son divorce, il fait front une nouvelle fois face à la presse. Moins vindicatif, et quasi compatissant : « J'essaie de faire mon travail le mieux possible, dit-il. J'étais un peu désolé pour vous que vous vous laissiez aller à tant de commentaires et de supputations. Je ne vous fuis pas. Je vous demande de considérer les choses avec un peu

de recul. Je sais depuis longtemps qu'il y a une différence entre la bulle qui m'entoure et le reste du
pays. Mais si les journaux peuvent faire de bonnes
ventes grâce à moi, voilà une bonne nouvelle. » Il
prononce encore une fois, comme à Lisbonne, les
mots de « discrétion et de pudeur ». Je l'inter-
romps : « Et un poil d'élégance en plus ? » Lui,
revanchard : « Avec toi, c'est perdu d'avance. » Je
n'aurai pas le dernier mot.

Mais le président veut montrer qu'il est remonté
sur son cheval. Iran, nucléaire, contrat d'armement,
Syrie, Union méditerranéenne, réforme des institu-
tions, financement des syndicats, il n'élude aucun
sujet. Il parle d'une voix posée et un peu basse qui
ne trahit aucune émotion particulière. Bref, il se
maîtrise. Son bonheur du jour, c'est la présence à ses
côtés dans une salle du consulat de France à Marrakech, du champion marocain Icham el Gerrouj, double champion olympique à Athènes du 1 500 et du
5 000 mètres. Il nous le présente, décline son palma-
rès, dit sa gratitude profonde. Il paraît sincèrement
admiratif et sincèrement épaté comme à chaque fois
qu'il s'approche d'un sportif. Acteur ? Il sait faire.
Chanteur ? Il peut le faire. Homme d'affaires ? Il le
deviendra peut être. Restent les champions, les seuls
qu'il continue d'admirer avec le même regard
d'enfant. « Dans la vie, il y a des choses agréables,
nous dit-il. Je rêvais de rencontrer Icham. Il a tout
gagné. Il y a les sportifs et les monuments, lui c'est
un monument. Quand je courrai avec lui, il mar-
chera. »

À la fin de sa rencontre avec la presse, il se fait photographier au côté de l'athlète, vêtu pour la circonstance d'un impeccable costume à doublure vert tilleul. Bruno Jeudy, du *Figaro,* vient se placer à sa droite. Le président prend l'un et l'autre par les épaules, hilare : « Icham, Bruno ! mes deux héros ! » Il a fait passer le message : il va bien. Je retrouve cette phrase de lui dans un carnet daté d'octobre 2005 au plus fort de sa dépression : « Je vois bien la manière dont vous me regardez et les attitudes que les photographes cherchent à prendre de moi. » Il paraît cette fois déterminé à ne rien laisser voir.

Sauver les journalistes

Zappant de LCI à France 24, de BFM TV à i-Télé, je guette, ce dimanche 4 novembre, les premières images de l'arrivée de Sarkozy à N'Djamena. Je veux voir ce président « libérateur » dont une dépêche lue dans la matinée m'a appris le départ pour le Tchad. Je pense : s'il n'était pas seul un dimanche de novembre, y serait-il allé ? Je vois bien le profit qu'il peut tirer de la situation. Alors que la France se prépare à des grèves annoncées dans les transports, que le « choc de confiance » promis ne crée par la moindre vaguelette sur le front de la reprise économique, il a tout intérêt à aller chercher de la popularité ailleurs. Après avoir augmenté son salaire – ce qu'il nie farouchement en expliquant qu'il gagne moins que Chirac qui cumulait son salaire de président et diverses pensions de retraite –, il peut bien montrer un peu de compassion.

Mais je ne peux m'empêcher de jouer avec cette idée-là : Sarkozy est à N'Djamena parce qu'il ne sait pas quoi faire. Elle cadre merveilleusement avec l'idée que je me fais de sa solitude. Peut-être devait-il voir son fils Louis ? Cette perspective a dû le déprimer. Peut-être celui-ci est-il à New York avec sa mère ? Plus déprimant encore. Prendre un journal ? Le feuilleter ? Impossible, il y a Cécilia partout. Des photos qui semblent lui dire : « Je suis plus belle sans toi. » Insupportable. Il pourrait peut-être convoquer un bureau politique dominical de l'UMP. Mais il l'a déjà fait la semaine dernière au grand désagrément des élus. Aller à Brégançon ? Il y était déjà il y a quinze jours. À la Lanterne, la résidence d'État qu'il a chipée au premier ministre, pour regarder les feuilles tomber sur le parc du château de Versailles ? Non, il faut trouver autre chose. Récupérer trois journalistes et quatre hôtesses espagnoles embarqués bon gré mal gré dans la malencontreuse affaire de L'Arche de Zoé, juste à temps pour les 20 heures – ceux du dimanche soir sont les plus regardés de la semaine – l'idée est trop tentante.

« Voyage surprise », disent les journalistes sur place. « Décidé au dernier moment », insiste l'Élysée. En fait, dès le vendredi précédent au moins, Sarkozy a programmé ce déplacement. C'est ce jour-là que Brice Hortefeux, en voyage en Tunisie, a été mis dans la confidence. Il promet de rester discret. À l'ambassadeur de France avec qui il déjeune, il évoque « une initiative internationale imminente ». Le diplomate acquiesce de l'air entendu de qui sait garder un secret.

Quand il apparaît à l'écran aux côtés d'Idriss Déby, le président tchadien, pour une conférence de presse commune, tout est réglé. Les journalistes français et les hôtesses espagnoles sont dans l'avion ou presque. Ne reste plus au président et aux conseillers qui l'accompagnent qu'à les rejoindre. Sarkozy se montre posé, diplomate. Surtout ne pas laisser affleurer le moindre commentaire laissant à penser que la France aurait pu exercer une pression sur les Tchadiens. Il suffit d'une simple et légitime question d'un journaliste tchadien sur un « risque d'ingérence » pour que le président retrouve son naturel, arrogant et sûr de lui en toutes circonstances :

« Vous avez une drôle de manière de poser les questions. Qu'est-ce que vous voulez que je vous dise… D'abord mesurer le risque d'une démarche… Je mesure tous les jours les risques que je dois prendre pour prendre des décisions. Si j'avais besoin d'un travail tranquille, j'en ferais peut-être un autre. Président de la République, c'est pas forcément le travail le plus tranquille. À partir du moment où le problème des journalistes se pose, c'est assez normal que le président de la République s'en préoccupe. Je ne vois pas au nom de quoi ça porterait atteinte à la moindre susceptibilité. Je n'ai pas à m'ingérer dans la politique tchadienne. Il paraît assez logique qu'un chef d'État se déplace pour aller chercher des compatriotes qui, de surcroît, n'y sont pour rien. Et je vais vous dire mieux, monsieur, même de ceux qui y sont pour quelque chose je me sens responsable. Vous voyez à quel point c'est grave ! Dans un État de droit, le président de la République est responsable de tous ses concitoyens, même de ceux qui ont fait des choses mal. Avant de poser des questions pareilles, réfléchissez ! C'est pas méchant ce que je vous dis, mais enfin quand même, si, à chaque fois qu'on se rend dans un pays pour régler un problème, on porte atteinte à son indépendance, alors il n'y a qu'à rester chez soi. Comme ça, on ne risque aucun problème. » À N'Djamena comme ailleurs, les journalistes restent ses meilleurs partenaires de jeu, son paillasson idéal.

Il a fallu rentrer. Ce dimanche-là était presque passé. Sarkozy avait en outre fait la preuve qu'il n'avait pas forcément besoin de son épouse pour « libérer » des prisonniers et que, cela aussi, il pouvait le faire tout seul. Escale à Madrid pour déposer les hôtesses, nouvelle conférence de presse et nouvelles images : en manteau bleu nuit sur le tarmac de l'aéroport de Torrejón en compagnie de José Luis Zapatero. Et nouveau départ pour l'aéroport militaire de Villacoublay. Là, il s'éclipsera sans un mot pour s'engouffrer dans sa voiture, laissant les journalistes fraîchement libérés aux joies des retrouvailles avec leurs familles. L'Élysée l'attend, plus que quelques heures de sommeil à tirer et une nouvelle semaine commencera, sans temps mort, jusqu'au prochain dimanche.

12.

Film muet, mais en couleurs

C'est à bord d'un Airbus équivalent, peut-être le même, que j'avais atterri le 28 juin 2006 sur l'aéroport de Cayenne, en Guyane. Il comporte une véritable chambre à coucher, un salon et une quarantaine de places pour les passagers. À son bord : Sarkozy, quatre ou cinq conseillers, et une trentaine de journalistes et de cameramen. Officiellement, il s'agissait de visiter des chantiers d'orpaillage clandestin au cœur de la forêt tropicale. Sitôt arrivés à l'hôtel pour y déposer nos affaires, nous en sommes repartis une heure plus tard pour prendre des hélicoptères, direction Saint-Laurent-du-Maroni. Celui des journalistes était bizarrement posé à plus de deux cents mètres de celui de Sarkozy, comme si on avait voulu nous en tenir éloignés. Les minutes passent, sous un ciel d'orage, le candidat ne se montre pas. Lorsqu'il arrive, il n'est pas seul. Nous distinguons dans le lointain une silhouette : Cécilia l'accompagne. C'est là que nous avons compris la raison de ce déplacement d'une dizaine d'heures. C'est le grand retour de l'infidèle, déjà annoncé, mais pas encore montré. Elle a fait le voyage avec nous sans que jamais nous puissions l'apercevoir en huit heures de vol : montée avant nous, descendue avant nous. Nous sommes là pour chroniquer, filmer, photographier les retrouvailles du couple dans une mise en scène qui restera comme un sommet des « productions Sarkozy ». Un film dans lequel le personnage féminin restera muet.

Paris-Match avait déjà publié des images de deux tourtereaux dans un parc londonien quelques jours auparavant. Prises au téléobjectif, un peu floues, elles avaient l'apparence de photos volées mais ne l'étaient pas. Mais qu'importe la qualité, seul importait le message : Cécilia et Nicolas avaient décidé d'affronter ensemble la dernière ligne droite de la présidentielle. Ensemble ! Vaincue par la ténacité de son mari à la reconquérir, culpabilisée, elle avait rendu les armes et laissé Richard Attias à son chagrin. Un cameraman et Élodie Grégoire, alors photographe quasi exclusive de Sarkozy, prirent place à bord de son hélicoptère. On a vu les images : il lui écrit « Je t'aime » au stylo dans la paume de la main. Ils enfilent des bottes en caoutchouc pour marcher dans la jungle, ils portent les mêmes Ray-Ban. Fashion victims, jouant les amoureux devant les caméras en espérant se convaincre que tout peut recommencer pour peu qu'on y mette du sien. Mais comment conclure à une machination, à une mise en scène cynique à l'approche d'une élection capitale ? Nul ne peut dire à coup sûr qu'il n'ait pas cru à cette fiction à force de le vouloir.

Toute la presse ne pouvant arpenter la forêt tropicale – « trop dangereux, orpailleurs armés jusqu'aux dents, problème de sécurité », nous avait-on expliqué –, le gros de la troupe s'est rendu directement à Saint-Laurent-du-Maroni où les Sarkozy viendraient nous rejoindre. Nous avons erré entre deux averses, bu des sodas, acheté des chips, ricané et tué le temps. Peu à peu, nous nous sentîmes enveloppés par la tristesse de cette France du bout du monde. Puis on nous enjoignit de monter à bord des pirogues prévues à notre intention. Les Sarkozy devaient arriver en compagnie du préfet en chemisette blanche, pour une inspection des forces de gendarmerie qui passent leur temps à mener la chasse aux clandestins venus du Surinam. Travail sans cesse recommencé, bel exemple de l'abnégation des fonctionnaires. À moins qu'il ne s'agisse aussi pour eux de tuer le temps. Nous protestons : « Pourquoi embarquer dès maintenant alors qu'ils ne sont pas arrivés ? – Afin que vous ne puissiez pas lui parler », aurait-on dû nous répondre. Le film du jour devait être muet pour ne pas altérer la force des images. Au lieu de quoi, on nous dit que c'était comme ça et pas autrement.

Nous voilà partis pour faire des ronds dans l'eau. Trois pirogues sont à notre disposition : une pour les cameramen et les preneurs de son, l'autre pour les reporters radio et les photographes, une troisième pour la presse écrite. Nos navigateurs nous éloignent de la rive d'une dizaine de mètres, puis nous en rapprochent, puis nous en éloignent à nouveau. Pour eux aussi le temps semble long. Il pleut. Retour sur la terre ferme. Le soleil réapparaît, nous repartons pour le large. Enfin ils arrivent... Ils ont posé leurs bottes, mais gardé cet air de bonheur aussi factice que fragile. À l'arrière de leur esquif flotte un drapeau tricolore que les photographes tentent de cadrer au premier plan de leurs clichés de roman-photo. Elle est impassible, lui se force à un sourire complice. Le préfet tient la chandelle. Sarkozy nous apostrophe, se moque de nous voir à sa suite, comme s'il n'y était pour rien. Puis, comme gêné par une mise en scène dont les ficelles lui paraissent soudain un peu grosses, il plonge son regard dans le lointain. Les pirogues font jaillir une écume blanche des eaux boueuses du Maroni. Le ciel est gris. Il fait chaud. Tout le monde se sent bête. Dix minutes plus tard, le couple accoste, remonte dans son hélicoptère et nous dans le nôtre. La scène est terminée, les acteurs ont tout donné.

Départ pour Paris en début de soirée. Il fait appeler quelques-uns d'entre nous à la fin du repas pour partager un café dans le fond de l'Airbus. Cécilia est de l'autre côté de la cloison, invisible. Il veut parler de politique, comme s'il réalisait soudain que nos sujets n'en comportaient pas un mot. Comme si ce voyage de douze heures en Guyane avait un autre objet que d'officialiser ses retrou-vailles avec son épouse. Je note : « La présidentielle, ce sont des gens improbables qui se retrouvent sur un projet commun. » Il vient de se lancer et ne s'arrête plus. « J'en ai marre d'entendre dire que je parle aux Français et pas à la France. » « Je n'ai pas de stature internationale mais j'ai des relations. » « Mon objectif est d'être l'homme de l'outre-mer. » « Je n'ai aucune raison d'aller compliquer les cho-ses avec Villepin et Chirac. Pourquoi irais-je cher-cher la bagarre ? » « Chaque candidat du PS a ses avantages et ses inconvénients. Mais au fond, j'en sais rien et je m'en fous. » « Racaille, Karcher ? C'est déjà banalisé, du moins si les sondages ont un sens. J'ai essayé de retourner la situation à mon avantage. Cela a accrédité l'idée que j'ai un langage différent. » « Je ne décide pas de ma vie privée en fonction des conséquences sur ma vie publique. Cécilia et moi n'avons rien à cacher. Mon histoire avec elle, c'est tout sauf une histoire politique. »

Et elle, de l'autre côté de la cloison, dort-elle déjà bercée par le ronronnement des réacteurs et les explications sans fin de son mari retrouvé ?

Du Guilvinec à Washington

La vitesse, le maître mot du sarkozysme. L'art de la mise en scène aussi (les deux vont souvent ensem-ble). Ne pouvant être à deux endroits en même temps, le président en donne l'illusion. Décalage horaire oblige, les télévisions pensaient n'avoir rien à montrer de l'arrivée du président de la République pour sa visite à Washington ce mercredi 7 novembre. Erreur ! Le président peut être partout. Pas d'images du dîner à la Maison Blanche en direct ? Qu'importe, Sarkozy et ses hommes ont pensé à tout. Le matin, il a pris place à bord d'un Falcon pour une visite inopinée au Guilvinec. En réaction à la montée du prix du gazole, les marins-pêcheurs bloquent le port. Le mouvement s'envenime. Le président prend les affaires en main. On l'a vu successivement dans un dépôt de la SNCF se colletant avec des cheminots inquiets et remontés à l'idée de perdre leur régime spécial de retraite, au Tchad en « libérateur » des journalistes français, mais ce n'est rien en comparaison de ce qui va suivre.

Alors que l'Airbus présidentiel, transportant invités et conseillers, patiente sur le tarmac de l'aéroport de Quimper, Sarkozy arrive sur le port. Des huées l'accueillent : « Ordure ! », « Enculé ! », « 140 % ! », crient quelques marins postés sur un immeuble, en surplomb du président dont le nouveau salaire sonne comme un adieu aux usines et aux ouvriers. Le président, levant la tête : « Qu'est-ce qui a dit ça ? C'est toi qui as dit ça ? Descends un peu pour le dire ! » Le marin : « Si je descends, je te mets un coup de boule. Vaut mieux pas. » Le président : « Si tu crois que c'est en insultant que tu vas régler le problème des pêcheurs... » Le reste de sa tirade est incompréhensible et finalement ridicule. Un peu plus tard, ayant retrouvé le sens de la repartie, il lance aux marins qu'il croit avoir amadoués une de ses répliques préférées quand il n'a plus rien à dire : « Et en plus, je vous ai amené le soleil. » « En Bretagne, on dit qu'il ne pleut que sur les cons », rétorque son interlocuteur. Sarkozy : « Alors, il doit pleuvoir souvent. » Nerveux le président ?

Le voyage reprend en tout cas son cours. L'incendie est éteint. Son passage éclair en Bretagne lui a permis de gratifier les marins-pêcheurs de six mois d'exonération de charges patronales. « Je suis prêt à prendre le risque de l'impopularité », confiera-t-il un peu plus tard à l'un des invités de la délégation. Chiche ? Alors qu'une grève de grande ampleur s'annonce dans les transports publics, chez les électriciens et les gaziers, à la Comédie-Française et même à l'Opéra de Paris, le président est sûr de son fait. Lui seul, croit-il, est en mesure de régler les problèmes du pays. La preuve ? les chalutiers ont repris la mer !

Du bleu de chauffe au smoking de cérémonie, c'est le même Sarkozy qui se présente quelques heures plus tard dans une limousine noire devant le North Portico, l'entrée d'honneur de la Maison Blanche. Il est sept heures tapantes. Quelques instants plus tôt, George et Laura Bush sont sortis sur le perron pour l'accueillir en haut des marches. Le président américain porte lui aussi le smoking, elle, une robe longue bleu nuit (Oscar de la Renta), ou du moins de ce bleu qui, au cinéma, est censé donner l'illusion de la nuit. Sarkozy, presque agenouillé, baise la main de son hôtesse, puis se redresse pour serrer celle de George Bush. Les deux hommes se congratulent, se donnent des petites tapes amicales dans le dos. La porte se referme derrière eux alors que, dans le hall, des musiciens vêtus de rouge comme un orchestre de cirque entament les première mesures d'un air enlevé.

Nous nous apprêtons à partir lorsqu'une autre limousine arrive. En sort, à notre grande surprise, Rachida Dati, moulée dans une robe crème (Dior) rehaussée d'une étole de fourrure noire. Elle monte les marches comme Cendrillon les redescend alors que résonnent les douze coups de minuit : pressée, inquiète peut-être de perdre ses atours et ses faveurs. « Madame la ministre ! » crient les photographes. Je me surprends à siffler. Elle se retourne et dans le même mouvement gracieux décoche un sourire à faire trembler les colonnes néocoloniales qui supportent l'avant-toit. « Qui est-ce ? » demande un photographe américain médusé. Explication officielle : partie en retard de son hôtel, la garde des Sceaux aurait raté le convoi qui devait amener les ministres à la Maison Blanche, ce qui explique qu'elle soit arrivée seule et en majesté. Ses collègues du gouvernement n'en croient pas un mot, qui la suspectent de tout faire pour se faire remarquer.

J'assiste à cette arrivée du haut d'une tribune en bois dressée devant l'entrée. Être là a demandé un peu de chance et pas mal de patience. La chance d'être tiré au sort dans un pool de journalistes, photographes et cameramen français. Mais ce privilège se paye d'une longue attente, dans le courant d'air glacial de Pennsylvania Avenue, à l'entrée de la Maison Blanche, afin que toutes les identités soient dûment vérifiées et que les sacs, appareils photo, caméras soient reniflés par des chiens policiers. Puis nous sommes conduits à la salle de presse. Pour les amateurs de la série *West Wing* consacrée aux coulisses du pouvoir aux États-Unis, cette station équivaut à une visite des ateliers Ferrari à Maranello pour un fan de Formule 1. Devant nous, le pupitre massif derrière lequel C. J. Craig, porte-parole futée et séduisante de la série, délivre ses briefings. Photos souvenirs, sous l'œil de journalistes américains un peu interloqués. Nous découvrons une autre particularité locale un peu incompréhensible pour des journalistes français qui sont parfois autorisés à picorer dans les buffets de la République : aucun encas n'est prévu pour la presse. Il y a au fond du couloir un distributeur de café et de crakers : un dollar le paquet de biscuits au fromage. Mais il faut les manger sur place, ou dehors. En tous les cas, pas sur les sièges de la salle de briefing. À cause des miettes.

Après une demi-heure d'attente, un officiel revient nous chercher pour se rendre dans la salle du dîner afin d'assister cette fois aux toasts des deux présidents. C'est la ruée. Les photographes américains, habitués de l'exercice, prennent une nette avance sur leurs homologues français. Munis d'un petit escabeau pour s'y jucher, ils s'en servent provisoirement comme d'une arme pour éviter d'être débordés sur l'extérieur. Nous entrons dans la salle du dîner comme un troupeau de buffles un jour d'incendie de savane. Chacun cherche une place tant bien que mal. Le brouhaha s'apaise. Christine Lagarde (Chanel), Rama Yade (Yves Saint Laurent), Rachida Dati (Dior), Nadine Morano (Dominique Sirop), Yves Jégo et Bernard Accoyer en smoking, les invités du président font honneur à la « French touch ».

George Bush prend la parole. Sobre. Puis vient le tour de Sarkozy. Il en fait des tonnes pour séduire son nouveau public. Dit qu'il veut « reconquérir le cœur de l'Amérique de façon durable ». Dans son article paru dans la page style du *Washington Post*, le reporter du quotidien s'amuse. Le président est présenté comme « *freshly divorced* ». « *Solo ladies* », s'amuse-t-il. La liste des invités ? « La moins inspirée de l'histoire des dîners de la Maison Blanche », écrit-il : « *Americans with Frenchy names and Frenchies with even frenchier names.* » Mais Sarkozy est au-dessus de ces sarcasmes. La castagne le matin avec les marins-pêcheurs, le tralala le soir avec les Bush. Qui fait mieux ?

La tactique de Nîmes

Dans la salle de briefing où nous sommes retournés pour nous réchauffer c'est une tout autre conversation qui agite les « embedded ».

Pourquoi Rachida Dati est-elle entrée par la grande porte alors que l'arrivée des autres ministres, protocolairement mieux placés, s'est déroulée loin des regards ? Que veut signifier le chef de l'État en mettant en valeur sa garde des Sceaux ? Et à qui s'adresse ce message si c'en est un ? Michaël Darmon (France 2) expose alors ce qu'il appelle la « technique de Nîmes ». C'est-à-dire ? En mai 2006, Sarkozy tient un meeting dans la préfecture du Gard. La journaliste du *Figaro* y fait sa première et sa seule apparition publique. Un mois plus tard, à Agen, elle a disparu et Cécilia fait une réapparition remarquée. La « technique de Nîmes » consiste donc à donner le maximum d'exposition à une personne pour rendre l'absente folle de jalousie et hâter son retour. Peu après le premier départ de son épouse, Sarkozy aimait, dans sa conversation, lâcher les noms de femmes toujours très belles ou très connues avec lesquelles il avait dîné. Isabelle Adjani, Monica Bellucci. Des stars ou rien, comme si son statut lui interdisait les amours communes. La rumeur lui prêtait également des aventures avec les épouses de quelques-uns de ses proches. Il lui opposait un sourire ambigu et laissait dire, ravi qu'on le croie encore séduisant : « Je suis obligé de m'excuser auprès de mes amis pour quelque chose que je n'ai pas fait. C'est gênant. » Il s'amusait : « Je suis très inférieur à ma réputation. » Et une fois, me prenant à témoin dans un avion : « C'est incroyable ce qu'on peut séduire à cinquante ans, hein ? »

Nous avions appris que Cécilia était à New York alors qu'il était à Washington. Sous cette angle-là, « la tactique de Nîmes » tenait : il importait de donner la preuve que lui aussi pouvait prétendre à une nouvelle vie, qu'il n'était pas atteint par ses déboires passés, qu'il l'avait déjà oubliée. « Mais Rachida est une amie de Cécilia ? » objecte l'un de nous. « Raison de plus, la technique n'en est que plus machiavélique. » Nous finissons par tous nous rallier à cette hypothèse. Rachida Dati ne serait donc qu'un leurre, sa mise en valeur une mise en scène, sa proximité avec le président une feinte. Le lendemain, nous apprenons qu'elle a passé une grande partie du dîner a envoyer des SMS. À qui ? Compte tenu du décalage horaire, nous excluons qu'il puisse s'agir d'un destinataire à Paris. Alors, quelqu'un ici ? Aux États-Unis ? Le scénario prend forme et consistance. Qui est aux États-Unis en même temps qu'elle ? Cécilia bien sûr ! Moment de plénitude quand une construction intellectuelle se trouve vérifiée par des faits. On imagine alors la garde des Sceaux décrire le faste de la réception, l'accueil réservé par les convives à son ex-mari, les « *yeah* » tonitruants qui approuvent la fin de son speech. De quoi donner des regrets et des envies de retour.

J'entends bien l'objection : « Mais quel métier faites-vous bon sang ? » « Journaliste politique pourquoi ? » Pour notre défense, nous pouvons avancer l'heure tardive, la longue attente, l'ennui. Sevrés de ses confidences par la lourdeur du protocole ou sa volonté de nous maintenir à distance, nous avons fini par inventer un Sarkozy. Nous lui prêtons des sentiments qu'il n'éprouve peut-être pas. Il est une page blanche sur laquelle nous déversons nos propres fantasmes, notre histoire personnelle. Ce Sarkozy inventé, réinventé, fonctionne selon les caractéristiques de celui que nous avons côtoyé au quotidien pendant la campagne. En le rêvant identique à son modèle, nous nous imaginons aussi être restés les mêmes, engagés dans son aventure, aux premières loges pour commenter ses revers et ses succès. Mais nous chroniquons le plus souvent une ombre, une silhouette aperçue de loin. Bien sûr, il nous a salués tout à l'heure à l'hôtel Four Seasons avant que ne débute une réunion avec des patrons des deux rives de l'Atlantique. Nous, en rang d'oignons comme pour des condoléances à la fin de funérailles, lui, serrant la main de chacun d'entre nous pour s'assurer que nous sommes bien là pour tenir la chronique de sa représentation.

S'il interpelle encore quelques-uns d'entre nous, c'est sur le mode de la moquerie. Souvent, le journaliste de *Libération* fait les frais de ce que Sarkozy croit être de l'humour. Parce qu'il porte ce jour-là une cravate, indispensable pour assister, plus tard, au dîner, Antoine Guiral est apostrophé par Sarkozy. Nous sommes à l'ambassade de France. Le président prend la pose avec un enfant que sa mère souhaite voir photographié dans cette historique compagnie. Lui : « Monsieur Guiral, venez faire une photo avec moi. Pour une fois que vous avez une cravate. Venez pour une fois que vous êtes correct. » Les rires ont paru un peu forcés.

La soirée s'éternise à la Maison Blanche. Un spectacle doit suivre. Nous levons le camp et décidons de rentrer à l'hôtel. J'ai eu tort. Au lieu de regagner ma chambre, j'aurais mieux fait d'accompagner la journaliste du *Point*, Anna Bitton, et François de Labarre, de *Paris-Match*, jusqu'au Waldorf. Ils subodoraient que Sarkozy ne résisterait pas à la tentation de bavarder un peu en rentrant de son dîner. J'aurai vu, comme cela est raconté dans *Le Point*, le président en smoking, affalé sur un fauteuil du bar de l'hôtel, justifier son arrêt au Guilvinec, dire du bien de lui et, forcément, du mal des journalistes : « Vous n'avez pas une vision moderne de la politique. Pour vous, le président est une momie à la parole rare. Pilhan avait inventé ça pour Mitterrand quand il était malade. Aujourd'hui c'est fini. Vous dites que j'en fais trop, mais si je ne faisais rien, que diriez-vous ? » Je l'aurai entendu lâcher devant ce qu'il croit être le succès de sa première journée américaine : « Moi je suis un gros populaire. » Rien que pour entendre ça, cela valait le coup de se coucher tard.

Vol sous tension

Et le « gros populaire » d'administrer la preuve de sa popularité dès le lendemain devant le Congrès américain. Son arrivée déclenche une salve d'applaudissements. Les Congressmen, assis le long de l'allée centrale qui mène à la tribune, se pressent pour lui serrer la main. Il est décidé à séduire et y parvient sans peine. Son discours est truffé de références à l'histoire américaine, à ses valeurs, à sa morale. Il cite Elvis Presley, John Wayne et Marilyn Monroe, des idoles qui auraient dû, en bonne logique générationnelle, être celles de son père. Mais visiblement, l'Amérique d'*Easy Rider* ou de Bob Dylan n'est pas la sienne, comme s'il était passé à côté de son époque. Tout en haut, dans la tribune de presse, nous suivons le spectacle. Et découvrons qu'un discours creux prononcé au bon endroit et au bon moment peut être un succès. Ainsi fonctionnent les tubes d'un été. Assis sur un siège de député comme le reste de la délégation présidentielle, Henri Guaino fait la gueule. Il ne reconnaît pas son texte. « C'est à 30 % du Guaino et à 70 % du Levitte », s'amuse un conseiller dans une allusion au rôle prépondérant joué par Jean-David Levitte, le conseiller diplomatique de Sarkozy, qui tint un temps le même rôle auprès de Jacques Chirac.

Parce qu'il a manqué l'avion de la délégation pour Washington, Guaino a dû embarquer à bord du « spare », l'aéronef de secours, et n'a rien pu faire quand Levitte a entrepris de revoir le texte du conseiller spécial et d'y ajouter ses « cochonneries ». Depuis le discours de Dakar et ses malheureuses répercussions à propos de l'« homme africain », la plume du président ne jouit plus de la même impunité. Exit la référence à Guantanamo et la prison

173

Abou Ghraïb. Trop risqué. Exit le passage où Guaino s'interrogeait sur les raisons de la « haine » de l'Amérique. Trop provocateur. Exit encore une longue citation de Martin Luther King. Trop à gauche. Même la référence à John Steinbeck, dont Sarkozy aime à dire qu'il est un de ses auteurs de chevet, a fait les frais de ces biffures. Près de quarante ans après sa mort, l'auteur des *Raisins de la colère* a paru trop sulfureux aux yeux d'un diplomate français pour être cité devant les membres du Congrès. Soucieux de s'assurer un triomphe, Sarkozy a obtempéré sans barguigner. Il fait irrésistiblement penser aux Dupond(t) de Tintin qui, en voyage, s'accoutrent du costume local qu'ils croient être encore en vogue. Henri Guaino de son côté enrage de voir son beau discours martyrisé : « Moi je fais de la politique étrangère, pas de la diplomatie. »

Et le spectacle continue le lendemain lors de la conférence de presse conjointe des deux présidents, sur la pelouse de la demeure historique de George Washington, battue par le vent de la mer. Comme d'habitude, nous arrivons deux heures à l'avance pour passer les contrôles de sécurité américains. Les rives du Potomac entrevues par la fenêtre d'un bus seront finalement la seule échappée touristique de ce séjour. En revanche, nous avons tout le loisir d'assister aux réglages des micros (passionnant) et à l'installation d'un ingénieux et discret système au gaz pour chauffer la tribune. Le radiateur est prestement dissimulé derrière une plante verte, la bonbonne de gaz disparaît sous une housse bleue de la couleur de la moquette qui recouvre la tribune. Arrivent les acteurs. Sarkozy sobre et contrôlé. Bush volubile et bavard. Qui pose la première question ? Sarkozy tend un doigt en direction de l'un de nous. « En France, je ne choisis pas les journalistes », croit-il utile de préciser – ce qui est faux. « Alors je vais le faire à votre place », reprend Bush en riant. Le président est un peu pincé. Le show lui échappe. Bush conduit les opérations. Sarkozy, ce jour-là, a trouvé meilleur que lui.

Qui connaît Tinka?

Évidemment, c'était trop beau. Nos scénarios trop bien ficelés se délitent et se débinent. Selon le site Bakchich, où je fus un temps traité de « journaliste derviche », le président n'est pas la proie de l'angoisse des dimanches. Il ne recherche pas obstinément à remplir son agenda comme on meuble un appartement devenu trop grand. Je le croyais – romantiquement ? naïvement ? – engagé dans une opération de reconquête, un peu compliquée certes, mais plutôt touchante et j'apprends qu'il aurait emmené une consœur, en compagnie d'autres invités, à Marrakech, pour le week-end de la Toussaint. Il n'est pas parti de Paris pour libérer les journalistes à N'Djamena, mais du Maroc où l'Airbus présidentiel est passé le prendre pour se rendre ensuite au Tchad. L'article cite des sources officieuses marocaines et françaises. Faut-il pour autant le prendre au sérieux au prétexte qu'il a

« sorti », deux semaines avant l'annonce officielle
de l'Élysée, la nouvelle du divorce de Sarkozy ?

Des rumeurs, il y en a eu tant depuis ! Le président aurait jeté son dévolu sur une journaliste de
Canal+. Invérifiable sauf à être le confident de l'inté-
ressée. Et puis celle-ci, qui vaut toutes les autres. Qui
connaît une certaine Tinka ? Animatrice de télévision en Bosnie, chanteuse, concurrente pour le
concours de l'Eurovision 2006, physique de call-girl,
elle aurait, selon un journal people de Sarajevo (ça
existe), passé quelques heures avec Sarkozy dans un
hôtel de Tripoli lors de la visite du chef de l'État en
Libye en juillet. Reprise dans un journal de « référence » de Bosnie-Herzégovine, l'information est
ensuite exportée vers l'Allemagne où elle est diffusée
à son tour. On peut lire tout cela sur le site Internet
de *La Dépêche du midi* qui précise : « Évidemment,
rien de tout cela n'est vérifiable », mais qui évoque le
témoignage « d'une interprète de l'hôtel qui aurait
confié avoir vu le couple ». Mais pourquoi se donner
la peine de vérifier puisqu'on est sur la Toile où tout
peut s'écrire car, « évidemment, rien de tout cela
n'est vérifiable… ». On imagine le bonheur de
l'internaute toulousain et des communes limitro-
phes en découvrant cette information planétaire.

Le scoop du président

Les embouteillages se comptent en centaines de
kilomètres matin et soir autour de Paris. Chemi-

nots, électriciens, gaziers, employés de la RATP sont en grève pour la sauvegarde de leurs régimes spéciaux de retraite dont Sarkozy – et son premier ministre François Fillon – ont prévu la suppression. La grève s'effiloche et se durcit tout en même temps. Le président brûle d'intervenir, ses conseillers le tempèrent. Rien à gagner cette fois à jouer les marioles au petit matin dans un dépôt SNCF, tête nue, pardessus ouvert dans une assemblée générale éclairée à la lumière des feux de palettes. Se faire insulter une fois de plus, passe encore, il va finir par s'y habituer, mais il n'a rien à leur dire, pas d'exonération de charges à leur proposer. Rien que sa réforme, quarante années de cotisations pour tous et circulez. Il veut cette grève, il l'a planifiée, quasiment intégrée dans son agenda qui, en cette période de novembre, ne comporte, comme un fait exprès, aucun déplacement international. Il sait qu'il gagnera : les sondages l'en assurent. Alors, pour une fois, il ne parle pas.

Dix jours de silence au moins qui lui feront dire : « Si je parle, vous dites que j'en fais trop, si je ne parle pas, vous vous demandez où je suis passé. » Pour une fois, il expérimente la tactique de ses prédécesseurs : laisser le silence et l'attente monter. À Washington, il a dit qu'« il tiendrait ». C'est son dernier mot. Depuis, Xavier Bertrand, son ministre du Travail, Raymond Soubie, son conseiller aux Affaires sociales à l'Élysée, ou encore François Fillon ont pour tâche de multiplier les messages. Pas un jour sans que l'un ou l'autre ne se relaie sur les ondes ou

177

les écrans. Sarkozy délègue la parole présidentielle ? Veut-il remettre la lumière sur ses ministres à qui il en laisse si peu ? Pas si sûr. En multipliant les interlocuteurs, il ne fait que tester une stratégie médiatique à laquelle l'altruisme est étranger. Il espère aussi faire perdre le nord aux syndicats privés de tête de Turc. En 1995, la personnalité d'Alain Juppé, omniprésent, avait coalisé les mécontents. Cette leçon a été retenue. Lui, il fait de la vraie politique et, de son point de vue, de la bonne.

Sûr de lui et de son dispositif, le président peut s'intéresser à autre chose. Tiens, pourquoi pas à la presse par exemple, son miroir dans lequel il ne se trouvera jamais assez beau ? L'unique objet de son ressentiment. Pas une semaine ne se passe sans qu'il fasse la une d'au moins un quotidien et un hebdomadaire, mais il enrage chaque matin de ne pas y être complimenté. Ce vendredi 16 novembre, ils sont cinq journalistes des *Échos*, dont le directeur de la rédaction, Éric Izraelewicz, à monter les marches du palais de l'Élysée pour y rencontrer le chef de l'État. Leur objectif : parler avec lui de la situation sociale, des réformes en cours, des difficultés qui s'annoncent. Juste avant de les recevoir, Sarkozy vient de téléphoner à Alain Weill, le propriétaire de la holding rassemblant BFM et RMC. Il lui reproche d'avoir laissé évoquer à l'antenne la rumeur d'une liaison entre lui-même et une journaliste de télévision qui jusqu'alors n'avait pas dépassé les frontières des dîners en ville. Mais voilà, comme toujours et suivant le même processus, un quotidien anglais s'en est fait l'écho, poussant quelques médias français à se défaire de leur pudeur en matière de vie privée.

Immédiatement, c'est sur le terrain des médias que Sarkozy choisit d'amener ses interlocuteurs. Depuis plusieurs mois, ceux-ci se battent pour contrer le rachat de leur titre par Bernard Arnault. Le patron du groupe LVMH, jugent-ils, a trop d'intérêts privés dans le monde des affaires pour se porter acquéreur d'un quotidien spécialisé dans l'économie, la finance et la vie des entreprises. Il est également trop proche de Nicolas Sarkozy – dont il fut le témoin de mariage – pour être une garantie de leur indépendance. Tout ceci, Sarkozy le sait qui a suivi ce conflit dans les moindres détails. Il sait que la messe est dite et que le combat des journalistes est perdu. Il connaît même le nom de celui qui sera leur futur patron, Nicolas Beytout, pour l'heure directeur de la rédaction du *Figaro*.

C'est un avocat du dossier que les cinq journalistes rencontrent ce jour-là, et non un président de la République. Ou du moins un avocat *et* un président. Sarkozy leur « vend » Bernard Arnault en les assurant qu'il saura investir dans leur titre. « Je n'ai pas compris votre combat contre lui, leur dit-il. Mieux vaut Arnault qu'un fonds de pension. » L'économie de la presse, c'est le dada du président. C'était déjà celui du candidat. « Je connais tous vos patrons », nous avait-il dit un matin de janvier 2005 lorsque nous l'accompagnions à Lille pour un de ses premiers déplacements de campagne. Dans

179

l'instant, nous n'avions pas compris tout ce que cette remarque recelait de vérité. Une autre fois, recevant des journalistes du *Monde* à sa table de ministre de l'Intérieur, il avait longuement exposé ses idées pour « sauver la presse » : empêcher les fermetures de kiosques et mettre un terme à la « sous-capitalisation des titres ». « J'ai des idées là-dessus », disait-il. Passant du général au particulier, des *Échos* à la presse dans son ensemble, Sarkozy se lance dans un tour d'horizon des titres et des journalistes. Ce jour, nous sommes deux à lui servir de tête de Turc : Christophe Barbier de *L'Express* et moi-même : « Ridet s'intéresse plus à ma gueule qu'à mes discours », dit-il à ses hôtes en passant.

C'est à la fin de l'entretien que le chef de l'État a annoncé à ses interlocuteur le nom de leur futur patron. Une annonce de biais.

Le président : « Et alors, et Beytout ? »

Un journaliste : « Beytout ?... Nicolas ? »

Le président : « Je te parle de qui ? »

Un journaliste : « Il va revenir ? »

Le président (ironique) : « Moi je ne pense rien. Il est tellement bien là où il est. »

Ce « et Beytout ? » atterrira quelques heures plus tard sur Internet où l'on conclura une fois encore à la mainmise du président de la République sur les médias. L'épisode s'ajoute, il est vrai, à une liste déjà longue de soupçons qui pèsent sur lui : son amitié revendiquée avec les grands patrons (Arnault, Bouygues, Lagardère), la pression exercée pour décourager un éditeur de faire paraître un livre consacré à Cécilia au moment de la rupture de 2005, la non-parution d'un article du *Journal du dimanche* – propriété du groupe Lagardère – révélant que son épouse n'avait pas voté le 6 mai… Il est une autre explication qui ne réfute pas la première mais qui s'y ajoute. Et si Sarkozy avait voulu tout simplement faire le malin ? Détenteur d'une information du plus haut intérêt pour ses hôtes, il n'avait pas résisté au plaisir enfantin de fanfaronner ? C'est ainsi qu'il avait déjà « grillé » TF1 en annonçant l'arrivée d'Harry Roselmack à la présentation du 20 heures. Comme ça, juste pour faire le mariole, jouer les initiés. Pour montrer à des journalistes qu'il pouvait lui aussi avoir des infos concernant leur profession de la même façon que nous cherchions à en obtenir sur la sienne. Une différence de taille : nous ne disposions pas des mêmes moyens ni des mêmes réseaux.

L'Élysée démentit évidemment les propos prêtés au président ce vendredi-là, même si cinq journalistes pouvaient en attester – ce qu'aucun ne fit pourtant… Trois jours plus tard, l'annonce officielle de l'arrivée de Nicolas Beytout aux commandes du pôle média du groupe LVMH fut annoncée. Sarkozy avait eu son scoop.

L'Élysée pense que…

Sa tête qui tombe lourdement sur son épaule le réveille en sursaut. Il peine à tenir les yeux ouverts.

Sur ses paupières qui s'abaissent malgré lui pèse toute la fatigue d'un long voyage depuis Paris jusqu'à Pékin, sans parler de cette escale technique à Novossibirsk, en Sibérie, où le duty free, lorsqu'il est ouvert, est le plus triste du monde. David Martinon ne parvient pas à se tenir éveillé en écoutant le conseiller diplomatique de l'Élysée, Jean-David Levitte, débriefer pour la presse la premier dîner entre Nicolas Sarkozy et Hu Jintao, ce 25 novembre. Un dîner à la chinoise, commencé à l'heure de l'apéritif, soit 18 h 30. Cravaté jusqu'à l'étranglement, Levitte, assis sur un bras de fauteuil, discourt, comme insensible au décalage horaire, sans un regard sur ses collaborateurs qui luttent contre le sommeil.

L'arrivée à Pékin avait été précédée, pour le président et sa suite, d'une courte escale à Xian, ville de l'intérieur célèbre pour son site de l'armée enterrée. Des milliers de soldats en terre y ont été découverts, à la suite d'un coup de pioche heureux d'un paysan chinois en 1974. Les soldats sont alignés comme à la parade et veillent sur le repos du premier empereur de Chine. Nous sommes arrivés la veille afin d'être prêts dès le lendemain à suivre la visite officielle. Visite inhabituelle. Nul ne lui connaît cette curiosité pour les antiquités asiatiques que Jacques Chirac avait portée jusqu'à la manie. Arrivés deux heures avant le chef de l'État, nous avions eu le temps d'explorer chaque recoin du site et la boutique de souvenirs où, derrière le comptoir, se tient le paysan découvreur. Un écriteau posé devant lui prévenait les touristes : « No photo ». Si l'un d'eux s'enhardissait à braver l'interdit, le paysan se cachait prestement le visage derrière un éventail.

À un énervement grandissant des officiels et des militaires chinois de toutes sortes qui nous regroupèrent devant l'entrée du site, nous comprîmes que Sarkozy et sa suite étaient en approche. Quelques minutes plus tard, en effet, il apparut, en compagnie de ses ministres, de sa mère, dite Dadu, de son fils Pierre, et de ses conseillers, tous chiffonnés. Les Chinois sont paraît-il sensibles aux manifestations d'amour filial. Tout ce petit monde descendit les marches qui menaient au site, nous laissant en surplomb. Levant la tête pour s'assurer que nous étions bien là pour immortaliser cette visite culturelle, le président nous aperçut et dit : « La grande presse est là... Je veux dire la grande presse chinoise. » Cette phrase qui n'avait strictement aucun intérêt ni sens n'était destinée qu'à établir le contact. Elle disait maladroitement sa satisfaction de nous savoir là, à notre place. Chacun dans sa suite leva la tête. De loin, nous le vîmes faire le tour des statues.

« Je ne vois rien. Treize heures d'avion et pas une bonne photo ! » pesta un photographe à mes côtés. Sans l'avoir entendu mais s'apercevant qu'il était en partie masqué par les statues, Sarkozy s'avança vers un terrain plus découvert afin d'être photographié plus à loisir. Il désigna même avec l'index pointé, un endroit où il n'y avait strictement rien à voir. Un crépitement satisfait d'appareils photo se fit alors entendre. Puis la troupe présidentielle s'échappa vers un autre site. Pour nous la visite s'arrêtait là, il nous fallait partir pour Pékin où Sarkozy nous rejoindrait dans l'après-midi. Sur le site archéologique de Xian, où l'Élysée avait convoqué une centaine de journalistes et de techniciens, nous ne sommes restés en tout et pour tout que vingt et une minutes...

Le voyage officiel peut se lire comme la quintessence de cette nouvelle communication. Le président est visible, mais de loin, enfermé dans des tête-à-tête où, comme ses prédécesseurs, il croit jouer au moins l'avenir de la planète. Ce sont désormais les autres qui parlent pour lui : conseiller diplomatique, porte-parole, porte-parole adjoint, conseiller en communication, attachés de presse. Chacun prend sa part de la communication présidentielle, la dilue, la fragmente. Sarkozy ne pense plus mais « l'Élysée pense que ». Il ne juge plus, mais « l'Élysée juge que », il n'a pas d'avis mais « l'Élysée estime que ». Derrière cette formule, il faut imaginer un conseiller pesant ses mots, craignant qu'une expression malvenue, mal maîtrisée mette à bas des heures de tractations secrètes. Pendant la campagne, les conseillers aussi parlaient en son nom. Ils disaient des choses comme : « Sarko pense que les chiraquiens sont des cons. » Ou : « Chirac et Villepin nous emmerdent. » Nous repartions tout contents avec notre petit trésor. Aujourd'hui, ils disent : « Le président estime que la Chine a un rôle à jouer vis-à-vis de l'Iran. » Et ils préviennent aussitôt : « Bien sûr, tu ne me cites pas. »

Avant d'attaquer son briefing ce soir-là, Jean-David Levitte avait prévenu : « C'est non sourçable. » En d'autres mots, il ne fallait pas écrire que le conseiller diplomatique de l'Élysée avait expliqué que le premier dîner entre les présidents chinois et français « avait été pleinement réussi », que « leur dialogue avait été courtois, chaleureux, direct et spontané ». Le conseiller évoqua un « esprit de ping-pong chaleureux et moderne ». Relancé sur la question de savoir si les autres convives avaient pris la parole, il lança : « Quand le roi de France rencontre l'empereur de Chine, les autres ont leurs baguettes dans une main et leur stylo dans l'autre. » Bref, il était à l'aise et son speech aurait pu être le sujet d'un papier, au lieu de quoi, tout le monde s'en tint à la consigne. De ce briefing on ne garda que quelques lignes où l'on pouvait lire : « De source diplomatique française, la première rencontre entre Nicolas Sarkozy et le président chinois s'est déroulée dans un esprit de ping-pong chaleureux. » Dans les comptes rendus qui seront faits de cet entretien, Levitte aura disparu. Pas de trace de son élégance ni de sa manière, policée et tout en finesse, de distiller lui aussi la parole officielle. Je ne retrouverai pas non plus la tête dodelinante de David Martinon, qui s'endort, froissant son éternel costume noir dans une posture inhabituelle. Rincé.

« Vous allez bien ? »

Sarkozy : 2, Chirac : 0. Tel était le score au second jour de notre visite à Pékin. En huit jours, le président avait pris définitivement l'avantage sur son prédécesseur. Il était venu à bout de la grève dans les transports publics sans rien céder de sa réforme. Il s'était bien gardé de crier victoire, se voulant rassembleur et magnanime – « ni vainqueur ni vaincu » –, mais comment ne pas faire la comparaison avec Chirac qui, douze ans plus tôt, en 1995, avait dû se résoudre à laisser Alain Juppé battre en retraite face à une grève plus longue et soutenue par l'opinion ? En Chine, sans avoir manifesté davantage qu'un intérêt de circonstance pour la civilisation de l'empire du Milieu, il annonçait 20 milliards de contrats divers. Record battu. « On peut l'écrire comme ça », m'avait-il glissé, comme si, lui qui avait tant cherché par le passé à dénigrer son prédécesseur, ne pouvait plus s'abaisser à le dire.

Assuré de son succès, après un dernier tête-à-tête avec Hu Jintao, le président chinois, Sarkozy avait donné son feu vert pour apprêter un salon du trente-sixième étage du Sofitel de Pékin. Il recevrait la presse. Les « off » du président sont toujours prévus, mais ils ne sont pas obligatoires. Question d'humeur, de confiance. Échaudé par une expérience malheureuse à Moscou, en octobre, où il s'était réjoui d'avoir convaincu Poutine sur la question de l'Iran, avant d'être cruellement démenti dès le lendemain par le numéro un russe, le président décide au dernier moment de ses intentions. Il faut se tenir prêts à répondre à un appel de son service de presse et filer dare-dare au lieu de rendez-vous. On installa des rangées de fauteuils, et un autre, plus confortable, pour lui. Il régnait une atmosphère de théâtre avant l'apparition des acteurs. Il arriva flanqué de quelques ministres dans un strict rôle de figurants et de l'ancien premier ministre, Jean-Pierre Raffarin, tout aussi muet que ses comparses. La vedette, c'était lui. Un coup d'œil à son public, une poignée de main ou une bise aux habitués et il s'est installé, le portable dans une main, une jambe repliée sur l'autre : « Bon, ben allez-y, posez vos questions. »

Question : « Vous allez bien ? »

Réponse : « J'en vois déjà dans cette salle qui, à la minute où je répondrai à cette question, en feront un papier ou un supplément. » Il détailla les contrats signés et leur nature. Les avancées sur les discussions en cours à propos de l'environnement et de la monnaie. « Deux nouveautés qui demandent à être confirmées, bien sûr, on est en Chine. »

Mais voilà qu'on lui cherchait déjà des poux dans la tête pour une histoire de droits de l'homme ! Il devait s'y attendre après la polémique que l'absence à ses côtés de sa secrétaire d'État, Rama Yade, avait créée en France. La question était venue d'Antoine Guiral, de *Libération*.

187

« Comment qualifieriez-vous aujourd'hui le régime chinois ? » Selon un rituel désormais bien établi, Sarkozy se fendit de son rictus carnassier et malveillant. Il se cala dans son fauteuil pour mieux régler son viseur : « Je n'ai pas à qualifier la Chine pour *Libération*. Cela ne se fait pas, mon vieux. On ne va pas en Chine pour qualifier ce pays. Vous êtes dans votre rôle, mais moi je suis dans le mien. Et ce n'est pas la peine que j'ajoute ma voix à votre indignation. » Une fois de plus, il avait trouvé son punching-ball. Pour lui démontrer qu'à ce jeu-là, il était imprenable. Qu'il restait vif, président ou pas, et prêt à mordre. Il plongea la main dans la boîte de chocolats qui était devant lui.

Autre question : « Quand allez-vous vous exprimer devant les Français et pour leur dire quoi à propos du pouvoir d'achat ? » Celle-là aussi, il l'attendait : « Je suis en Chine, vous n'avez quand même pas fait quinze mille kilomètres pour m'entendre parler de pouvoir d'achat ! » « Ben justement si... », entendit-on. « Bien sûr, il va falloir que je m'exprime, ajouta-t-il comme s'il s'agissait là d'une perspective aussi ennuyeuse que de remplir sa feuille d'impôts. Mais je vous entends dire, "il fait trop de choses, on ne peut plus suivre". Et quand je suis ici, vous vous inquiétez déjà de la prochaine étape. Et si je ne parle pas pendant une semaine, vous vous demandez "où il est passé". Cela devient compliqué. » Il souriait, fier de l'attente qu'il suscitait et déjà assuré que son prochain spectacle afficherait complet. Une dernière question : « 20 milliards de contrats, c'est l'effet Sarkozy ? » Il sourit, inhabituellement modeste : « Ça, c'est pas à moi de le dire. »

On danse ?

Et puis, comme ça, sans crier gare, il arrive que l'on retrouve la magie du voyage, du déplacement, la fraternité des salles de presse. Il est tard à Shanghai. Nous avons dépensé nos derniers yuans et attendons de repartir pour Paris au trente-sixième étage du Sofitel où l'Élysée a installé la salle de presse. Ivres des lumières de la ville, vaguement honteux d'avoir acheté tant de fausses Rolex et de cachemires certifiés authentiques, fatigués pour tout dire. Images et sons envoyés. Papiers terminés et reçus. Il ne manque plus que quelques retardataires qui énervent les plus calmes d'entre nous. Ici un confrère d'une radio qui a perdu un son, là une consœur d'une télévision qui a raté son faisceau. C'est toujours ainsi : nos retours sont toujours retardés. Le tension monte imperceptiblement, menaçant de fissurer la bonne humeur générale qui a régné entre nous pendant tout ce séjour.

Il y a un piano ; par chance nous avons un pianiste. François de Labarre (*Paris-Match*) s'y installe et égrène quelques notes. Un air, puis un autre. Nous reposons nos sacs et nos manteaux. Une musique de Gainsbourg, une autre de Paolo Conte.

C'est fête au Sofitel. Le pianiste entame un air de rock. Claude, un des préparateurs de l'Élysée, « vingt-cinq ans de police judiciaire » derrière lui comme il le dit lui-même, invite à danser Carole Barjon, journaliste au *Nouvel Observateur*. C'est bal au Sofitel. Nous tapons la mesure dans nos mains. Le rythme s'accélère, le temps passe sans que nous n'y prêtions plus attention. Cette fois, victoire, c'est fait : derniers sons et dernières images envoyés à Paris. Nous pouvons partir à notre tour. Il est 23 heures.

« Joli métier », comme dirait le président ? Oui, joli métier.

13.

La folle tournée

La tournée Sarkozy sillonne le monde et ne fait jamais relâche maintenant. À peine revenu de Chine, le voici reparti pour l'Algérie, et nous avec. « Suivre Sarkozy… » L'expression n'a jamais été aussi pleine de sens. Oui, c'est cela exactement, nous le suivons, où qu'il aille. Chaque semaine ou presque, une nouvelle destination nous attend. L'Inde, la Tunisie, le Tchad, l'Angola, l'Afrique du Sud, la Guyane, le Mexique, la Nouvelle-Calédonie sont déjà au programme de ses (de nos) déplacements pour les six premiers mois de 2008. À l'Élysée il y a toujours une équipe prête à préparer un nouveau déplacement, comme si la machine ne devait jamais s'arrêter. Il veut se montrer, partout et vite. Profiter au maximum de l'effet de surprise qu'il crée chez ses interlocuteurs qui le découvrent pour la première fois. Sa nouveauté est son premier atout. Ensuite, il le sait, il finira par faire partie des meubles. Les chefs d'État étrangers s'habitueront à son débit rapide, à ses manières franches et rugueuses, à ses bourrades. Nous traversons des pays comme avant des villes de province, sans les voir vraiment, mais avec la satisfaction d'y être malgré tout. Nos relevés de Carte bleue portent la marque poétique de nos errances. Entre deux achats au Franprix des Batignolles, se glisse, comme un souvenir déjà oublié, la trace d'un débit sur la Ve Avenue à New York. Ça fait chic.

Ces voyages sont le seul moyen de garder le contact avec lui, de le voir en vrai comme disent les enfants, de guetter sur son visage, dans un geste échappé, un signe qui trahirait quelque chose d'authentique. « Il faut le suivre, dit-on dans les salles de rédaction. On ne sait jamais. » Et c'est vrai qu'il y a toujours quelque chose à voir, à « gratter ». Ici une saynète, là une confidence, ailleurs une bribe de conversation. Il y en aura pour tout le monde. Les journalistes « diplos » auront de quoi écrire : des contrats à foison, des séquences denses de politique étrangère. Les politiques feront leur miel d'un bout de phrase sur la situation intérieure. Les voyages à l'étranger ne sont pas une parenthèse pour le chef de l'État, un répit dans la vie politique, mais au contraire une nouvelle occasion d'occuper les écrans et d'attirer la lumière, fût-il à des milliers de kilomètres de son bureau de l'Élysée. Avec lui, c'est la vie politique française qui se déplace avec ses débats, ses polémiques.

Ainsi le voyage en Chine a-t-il été précédé d'une polémique sur l'absence de Rama Yade, la secrétaire d'État aux Droits de l'homme. Le président l'avait dûment invitée par téléphone à se joindre à sa délégation, mais elle a dû finalement rester à Paris. La faute à Rachida Dati, ont insinué quelques-uns, subodorant une jalousie inextinguible entre les deux femmes. La garde des Sceaux aurait fait pression sur le président pour qu'il raye la secrétaire d'État de la liste de sa délégation. D'autres y virent une conversion à la *Realpolitik*. Sur l'avis d'un conseiller diplomatique faisant remarquer au président qu'entre les droits de l'homme et les contrats, il fallait faire un choix, il avait choisi. Quoi qu'il en soit, c'était du papier à noircir, une nouvelle occasion de discourir sur Sarkozy, sa méthode, ses reniements. Et surtout, une raison de plus de ne pas rater le déplacement et de nourrir la machine médiatique. À Pékin, alors qu'on lui demandait d'expliquer l'absence de Rama Yade, Sarkozy avait lâché : « Je peux porter la question des droits de l'homme tout seul. Et puis la garde des Sceaux me semblait apte à évoquer cette question. Si Rama avait été là, vous auriez écrit que je ne l'assumais pas. » En une phrase, il semblait valider les deux versions.

Oui, il fallait « suivre » Sarko, continuer de recueillir pieusement le moindre de ses propos, épier ses silences quand il y en avait, décortiquer ses – rares – hésitations. Je ne me pose pas la question de savoir s'il faut lever le pied, en faire moins, ou l'ignorer. Je dois voir tout ce qui peut être vu, à défaut de tout savoir. Et tout raconter. En ai-je le temps ? J'ai plus d'idées d'articles que je n'en écris

Le président et moi

réellement. Un sujet chasse l'autre avant même que le premier se cristallise : Ingrid Betancourt après les infirmières bulgares, l'étrange « politique de civilisation » après le pouvoir d'achat, Carla après Cécilia. Me voici devenu une sorte de correspondant sur le front présidentiel. Mes retours à l'arrière sont brefs, le temps d'obtenir un nouveau visa, de tenter d'arracher un rendez-vous à l'un de ses conseillers, et il faut repartir. Depuis le milieu des années quatre-vingt-dix, j'ai consacré peu à peu à ce personnage l'essentiel de ma vie professionnelle. Comme tous ceux qui se sont attachés à ses pas, je suis devenu un expert. Oui, on peut le dire comme ça, c'est-à-dire capable de mettre en relation des événements, des prises de position successives, d'éclairer des contradictions, de donner parfois un semblant de cohérence à ses zigzags. Mitterrand et Chirac ont eu les leurs. Mais devaient-ils eux aussi surveiller leur client comme on surveille un enfant, l'esprit jamais apaisé ?

« Vous êtes prêts à faire vos valises ? »

Sarkozy s'amuse de l'embarras dans lequel il nous plonge. Il aime croire qu'il nous épuise. Pour mieux s'imaginer en surhomme ? « J'essaye de construire des séquences cohérentes, dit-il, c'est la chose la plus difficile qui soit. » Voudrait-il qu'on le plaigne ou qu'on l'aide ? Non, il veut seulement qu'on l'admire. Regardez bien l'artiste, il va passer

194

d'un trapèze à l'autre. En cette fin d'année 2007, nous sommes à Alger, dans un salon de la résidence de l'ambassadeur de France. Tout le séjour a été marqué par le refus de la France de présenter des « excuses » à l'Algérie. Sarkozy a bien consenti à évoquer « les crimes » de la colonisation et de la guerre, à dire qu'ils étaient « contraires » aux valeurs de la République, sans aller plus loin. Mais déjà, nous sommes dans une autre séquence. Depuis la jungle colombienne où elle est retenue prisonnière des Farc depuis cinq ans, Ingrid Betancourt a fait parvenir une longue lettre poignante et pleine de souffrance dans laquelle elle appelle la France à son secours. Avec cette lettre, Sarkozy tient la fameuse « preuve de vie » qu'il réclamait depuis des mois.

Sa libération fait partie de ses engagements de campagne. Sans qu'il n'y ait jamais fait allusion auparavant, elle s'est un jour imposée dans un discours, comme une nouvelle figure. Sur le coup, je ne suis même pas sûr d'y avoir prêté attention jusqu'à ce qu'il rappelle sa volonté de la libérer le soir de son élection, dans son premier discours d'élu.

La question s'impose : est-il prêt à se rendre à Bogota ? Sourire. Phrase sur les « séquences » si « difficiles » à construire et hop ! il lâche la « repentance », les Algériens et leurs contrats mirifiques pour attraper une liane quelque part dans la forêt colombienne : « Vous êtes prêts à faire vos valises ? Pour voir les Farc, il y a quinze jours de marche

dans la forêt. À voir la tête de certain d'entre vous,
je ne voudrais pas vous imposer ça. » Parce qu'à lui,
cela ne fait pas peur, bien sûr. Il se sent d'attaque.
Entre la vente de deux centrales nucléaires et une
réforme du contrat de travail, la libération d'Ingrid
Betancourt ne lui apparaît que comme un épisode
de plus dans sa tonitruante saga personnelle. Entre
Human Bomb, cet illuminé qui avait pris en otages
des enfants dans une école maternelle de Neuilly
en mai 1993, et Manuel Marulanda, le chef rebelle
tapi dans la jungle colombienne, où est la différence après tout ? « Je n'ai pas eu de mérite,
m'avait-il confié un jour à propos de son rôle dans
le dénouement de l'affaire de Neuilly. Je n'ai jamais
eu peur. » Vu comme ça, évidemment…

Le président est en forme ce soir-là, alors que
les Français d'Alger attendent déjà depuis une
heure le moment où il apparaîtra devant eux, il
fait durer son plaisir avec nous. Il revient sur sa
visite à Tipaza, la veille. Dans ce haut lieu où
Albert Camus reçut la révélation de l'éternité et de
la beauté, il a marché, s'extasiant sur la moindre
colonne tandis que sa suite parle de choses et
d'autres. « C'était pas décevant, dit-il comme un
touriste qui reviendrait d'une expédition aux
Pyramides. On est soufflé, positivement… Le mot
est faible… La beauté en majesté… Cette voie
romaine et l'accueil de la population. Tout cela
était exceptionnel. Sacré Camus, il avait raison. »
Il feint de n'avoir pas vu le reste : ses ministres qui
le suivent comme des courtisans, Rachida Dati qui

peste contre les pavés de la voie romaine auxquels ses talons sont mal adaptés, Bernard Kouchner qui pontifie, Henri Guaino qui bougonne, les photographes partout et les journalistes qui s'égayent entre les colonnes tronquées de l'ancienne cité romaine. Tiens, Didier Barbelivien, le chanteur interdit de séjour par Cécilia s'est glissé lui aussi dans la délégation…

L'accueil du public, parlons-en… Pour notre part, nous n'avons vu qu'une centaine d'Algériens silencieux derrière des barrières et des cavaliers d'opérette faisant claquer leur pétoire. L'un d'eux en tirant avait déchiré le drapeau français qu'il tenait dans l'autre main. Mauvais présage. Tous les journalistes présents ont décrit cet accueil frileux. Mais lui, entraîné par sa passion, parle de « milliers de personnes ». Il ment avec tellement d'aplomb que c'est à se demander si ce n'est pas nous qui avons tort. Enchaînant les réponses, il revient sur les propos du ministre algérien des Anciens combattants qui, quelques jours avant son arrivée à Alger, a déclaré que l'élection de Sarkozy était due au soutien du « lobby juif ». « Je ne vais pas poursuivre un combat avec quelqu'un que je ne connais pas. Il y a vingt ans, j'aurais été le chercher. Mais j'ai vieilli, je me suis apaisé. » De l'Algérie, il passe au Liban, du Liban à l'Iran au gré de nos questions. Il feint de s'énerver. Vieux numéro d'acteur qu'il rode déjà depuis quelques semaines quand on l'interroge sur « la politique arabe » de la France : « La politique arabe, un mot qui m'a toujours laissé

197

pantois. Je ne sais pas ce que cela veut dire. La politique arabe, la politique africaine et hop ! tout le monde dans le même sac, comme s'il n'y avait qu'un seul pays arabe. Quel manque de respect pour leur diversité ! »

« Ce soir, il est pas mal », me glisse mon voisin. Comme des abonnés d'un music-hall, nous savons quand l'artiste est en forme. Il continue au-delà du baisser de rideau. « Honnêtement, je suis très heureux de ces trois jours. C'était vraiment bien de montrer le nouveau visage du gouvernement : Fadela, Rachida, Rama. C'est une grande nouveauté et je pense qu'ils l'ont appréciée. Écoute… »

Une nouvelle question l'interrompt : « Vous avez lu *Noces* à Tipaza ? »

Lui, d'abord pincé : « Oui, et même relu, l'été dernier. Je ne suis pas un plouc total. Dans la collection Folio. J'ai toujours été attiré par l'Afrique du Nord, les villes blanches écrasées de chaleur. Camus, je le vois courant après son autobus en rentrant du collège. » Comme à chaque fois qu'il parle du passé, il me regarde. Privilège de l'âge, sans doute. « Dans notre génération, on rêvait des pays avant d'y aller. Avec les compagnies low cost, vous voyez les pays avant de les aimer. Les low cost sont l'ennemi de la littérature. J'ai voulu aller à Tipaza parce que j'ai lu Camus, pas parce que j'ai vu quelque chose sur Internet, pas parce que j'ai gagné un concours sur Radio Nostalgie. Camus c'est un peintre. »

J'aurais peut-être rêvé sur d'autres noms, mais je comprenais ce qu'il voulait dire. Ça, c'était le

Sarkozy qui me plaisait : hâbleur, malin et séduisant. J'imaginais la réaction de quelques intellectuels pincés doutant de l'authenticité de cette culture qui devait leur paraître aussi fausse que la particule de Giscard aux vrais aristocrates. Un président plouc ? Authentiquement plouc. Sincèrement plouc. Pourquoi pas ? Je le confesse : j'aime sa façon d'être bête. Ou de jouer à l'être.

Le lendemain, j'ai aimé cette manière qu'il a eue d'écarter ses gardes du corps pour venir vers Bruno Jeudy et moi. Il sortait d'un bain de foule dans les rues de Constantine en compagnie d'Abdelaziz Bouteflika quand il nous aperçut. La foule bon enfant avait été bien aimable d'applaudir pour deux, mais nul doute qu'un Sarkozy seul se serait fait siffler. Il voulait l'ignorer et ne put se priver du plaisir de nous apostropher en nous tenant les mains : « Alors, il est faible l'accueil populaire, hein ? » Puis il remonta dans sa Mercedes blindée en riant. Il pouvait partir, il n'avait rien oublié. Voilà, c'était Sarkozy : trop « apaisé » pour chercher querelle à un ministre clairement antisémite, mais jamais à court d'énergie pour river son clou à un journaliste.

Dadu journaliste

Tout le monde parle ! C'est la règle. Parler pour saturer l'espace médiatique dans une sorte de « carpet bombing », un tapis de bombes d'un nouveau genre. Et la presse écrit, la télévision montre, la radio diffuse. Le cirque Sarkozy ne peut plus s'arrêter, sinon il s'effondre. Prenons la journée du 10 décembre. Elle commence par des déclarations au canon de Rama Yade, secrétaire d'État aux Droits de l'homme. Dans un entretien qu'elle a elle-même sollicité avec *Le Parisien*, elle souhaite à sa manière la bienvenue au colonel Kadhafi qui entame une visite de cinq jours en France. C'est la contrepartie de ses efforts pour libérer les infirmières bulgares quelques mois plus tôt. Il vient chercher à Paris une part de reconnaissance après avoir été mis au ban des nations pour avoir promu, encouragé et armé le terrorisme. « Kadhafi doit comprendre que notre pays n'est pas un paillasson sur lequel un dirigeant, terroriste ou non, peut venir s'essuyer les pieds du sang de ce forfait, explique la secrétaire d'État sans mâcher ses mots. La France ne doit pas accepter ce baiser de la mort. »

Dans un autre genre, Henri Guaino s'en prend, lui, à la Commission européenne dans le *Financial Times*. Au même moment, Bernard Kouchner sur France Inter fait part lui aussi de son malaise et envie sa secrétaire d'État de sa liberté de ton. Sarkozy la convoque pour lui demander de « recadrer » ses propos. « Tu veux démissionner ? » lui demande-t-il. « Non », répond Rama Yade. Alors la vie continue. Rama Yade tempère ses propos et le chef de l'État lui renouvelle publiquement sa confiance un peu plus tard, comme il l'a fait à chaque fois qu'un de ses ministres fétiches a fait un écart. Leur image lui rapporte plus que ce que lui coûte leur propos.

Le soir, alors que le président reçoit le Guide de la révolution libyenne pour un dîner à l'Élysée, Claude Guéant, le secrétaire général du palais, joue les pères sévères mais magnanimes sur France 2 : « Mme Yade a exprimé une sensibilité mais pas la voix de la France. » Ainsi va la Firme qui digère tout, intègre tout à son discours, se repaît de tous les écarts. La gauche soupçonne, peut-être à raison, une manipulation. Mais c'est trop tard, les rôles sont distribués. Le président de la République, producteur et animateur de son propre spectacle, a déjà pourvu au casting. Il sera le président qui sauve les emplois des Français en se compromettant au besoin avec des dictateurs (mais il est tellement au-dessus de ces critiques, n'est-ce pas ?), Rama Yade, elle, endosse l'emploi de jeune première au grand cœur, prête à dénoncer les compromissions et les injustices. Et la gauche ? Elle est idéale dans le rôle du spectateur grognon que Sarkozy veut à tout prix lui faire endosser. Le soap-opéra mis en scène par l'Élysée a besoin d'un emploi d'aigri, de mauvais perdant intervenant à contretemps, le PS y pourvoira. Le lendemain, c'est encore Rama Yade la vedette, promue « femme d'honneur », juste parmi les justes. Il s'en est même trouvé au PS pour l'applaudir… Laissons alors le président tirer la leçon de cette singulière journée où le même camp a joué la majorité et l'opposition : « Je ne lui demanderai pas de quitter le gouvernement. Pourquoi ? Que la secrétaire d'État aux Droits de l'homme dise au moment de la venue de Kadhafi qu'il y a des problème de droits de l'homme en Libye, cela ne me choque pas. Elle est dans son rôle. »

Voilà : un rôle, rien qu'un rôle. Quelques répliques ciselées, une belle scène à ne pas rater. Rama Yade avait eu tout cela. Son metteur en scène n'avait pas prévu qu'elle y mettrait autant de cœur, manquant un instant lui voler la vedette, mais au moment du montage, il se montrait magnanime : il gardait la scène et l'intégrait dans le grand film du sarkozysme en cours de tournage.

Tout le monde parle, oui. Même la mère du président, Andrée Sarkozy, dite Dadu. Celle-là, je dois dire, je ne l'avais pas vue venir. J'achète pour 2,20 euros le magazine *Point de vue* où elle livre un entretien titré « Sarkozy mon fils... » J'ai vu Dadu à Pékin où je l'ai suivie, petite femme trottinante, son manteau de fourrure plié sur le bras, pendant qu'elle assistait à une visite de l'Opéra commentée par son architecte, Paul Andreu. Elle a les yeux tombants, comme son fils, qui lui font un regard triste. À la question de savoir si elle avait été émue par la réception faite à Nicolas Sarkozy quelques instants plus tôt par les Chinois dans le palais du peuple, elle avait répondu : « Je ne m'émeus plus beaucoup maintenant. J'ai un petit entraînement. »

Que dit Dadu ? Tout et n'importe quoi. On a l'impression qu'il suffit de lui poser une question pour qu'elle réponde. Le voyage en Chine avec son fils l'a laissée pleine de bons souvenirs. Elle a beaucoup ri avec « les filles du gouvernement » comme elle les appelle parce qu'elle est « assez copine » avec elles. Elle a surtout apprécié la secrétaire d'État à l'Environnement, Nathalie Kosciusko-Morizet, « elle est polytechnicienne, vous savez ! ». « Les jeunes garçons » aussi lui ont fait bonne impression et même ce « monsieur Raffarin, vraiment sympathique ». À sa manière, elle raconte ingénument l'arrière-cour d'un déplacement présidentiel. Elle décrit des petites scènes : « Nicolas nous a invités dans son petit salon pour écouter de la musique, discuter, parler de sujets sérieux et intéressants tout en plaisantant. » Racontée par elle, l'escale à Novossibirsk devient une saynète pleine d'agrément. Elle confirme sans en avoir l'air les vices des uns et le ridicule des autres : « Au retour, nous avons fait escale en Sibérie. Cela m'aurait amusée de descendre, mais vue des hublots c'était une patinoire. Borloo et Balkany sont sortis pour prendre une vodka. Madame Lagarde aussi a voulu descendre, avec ses talons hauts. Par chance, elle a été rattrapée au vol par son garde du corps. » Dadu journaliste ? « J'espère que vous n'avez pas interrogé ma mère », s'était inquiété Sarkozy à Pékin.

On comprend ses craintes. C'est une chroniqueuse précise en tout cas avec ce petit rien d'acidité qui fait les bons mémorialistes. Les filles de Cécilia : « Je les connais assez peu. Elles sont distantes, très froides, un peu comme leur maman. » Le secret de la réussite de ses enfants : « J'avais trois règles : qu'ils travaillent, qu'ils ne me racontent pas de craques et fassent du sport. » Est-elle fière d'être la mère du président de la République ? « Cela ne m'épate pas du tout ! je suis très contente pour lui. Mais depuis qu'il a dix-huit ans, on baigne là-dedans. » Et les femmes dans tout ça ? « Vous savez, à son poste, il ne peut qu'avoir l'embarras du choix. Mais j'espère que personne ne se remariera. J'en ai marre des mariées ! » Que tous les conseillers et les ministres qui aiment à se targuer de leur liberté de parole se lèvent et applaudissent Andrée Sarkozy !

Silence !

C'est une note d'une page en date du 3 décembre 2007 à « l'intention de Mmes et MM. les conseillers ». Elle ne prend tout son sel que si elle est exhaustive :

« Plusieurs éléments récents nous conduisent à vous rappeler de la manière la plus ferme qui soit, les règles élémentaires qu'il convient d'adopter dans vos rapports avec la presse et les médias.

« S'agissant des interventions officielles – interviews ou portraits dans la presse écrite, à la radio, à la télévision, publication de livres mais également sur Internet ou dans le cadre de colloques –, le principe est que ces interventions sont rigoureusement interdites, sauf autorisation exceptionnelle donnée par le secrétaire général de l'Élysée ou, en son absence, par le secrétaire général adjoint, la directrice de cabinet ou le porte-parole. Ce sont les ministres, le porte-parole du gouvernement, le premier ministre et le porte-parole de l'Élysée qui sont chargés d'expliquer la politique du président et du gouvernement, pas les conseillers.

« S'agissant des contacts informels, nous appelons votre attention sur le fait qu'ils sont eux aussi proscrits, sauf, là encore, autorisation spécifique. Il y a trop d'infos, trop de rumeurs, trop de bruits qui sortent de l'Élysée, qui sont d'ailleurs très souvent infondés.

« Nous vous demandons également de veiller aux informations que vous divulguez aux autres cabinets ministériels, ou tout simplement dans votre entourage et parmi vos amis. En tant que conseillers du président de la République vous êtes soumis à une obligation de secret absolu. Cette règle s'applique y compris à vos proches.

« Nous vous demandons de respecter ces consignes scrupuleusement. Trop d'écarts ont été observés ces dernières semaines. »

Ce courrier destiné à une cinquantaine de membres du cabinet de Sarkozy est signé de David Martinon, porte-parole de l'Élysée, et Emmanuelle Mignon, directrice de cabinet. « Ce n'est pas une initiative du président », me jure Emmanuelle Mignon, prenant conscience peut-être que le ridicule ne devait pas atteindre le sommet de l'État.

Le sarkozysme expliqué par ceux qui le font

Mais il est trop tard à présent. Le pli est pris.
Nul ne peut plus arrêter cette folle machine à
communiquer de... communiquer. Les médias se
sont habitués désormais à recevoir leur pitance
quotidienne. Pas une journée sans message, pas
de message sans locuteur. Le temps des commu-
niqués est révolu, il faut que le président, ou, à
défaut, ses collaborateurs, assument eux-mêmes
un discours et livrent, en personne, leur part des
mystères du Château. Signe des temps : alors
qu'on demande aux journalistes de dévoiler au
maximum les conditions de l'exercice de leur
métier, l'Élysée y va lui aussi de son opération
transparence. *West Wing*, la série américaine sur
les coulisses de la Maison Blanche, est passée par
là. La fabrique du pouvoir est un sujet sur lequel
les conseillers peuvent désormais s'exprimer. Ce
que Chirac cachait comme un secret d'alchi-
miste, Sarkozy accepte de le montrer. Pour priver
les journalistes de faire un travail d'enquête et
d'en savoir davantage ? On peut le supposer.
Mais, plus probablement encore, parce qu'il veut
démontrer qu'il n'a rien à cacher. Le « making
off » du spectacle est encore un spectacle.
Comme dans la Star Academy, sur TF1, il y a les
« primes », assurés par Sarkozy lui-même, et la
« quotidienne » sur les coulisses du Château. À
quand le bêtisier de l'Élysée ?

Tour à tour trois conseillers se livrent à cet exercice. Franck Louvrier, Emmanuelle Mignon et Catherine Pégard avaient jusqu'alors opposé un refus poli mais ferme à toute demande d'entretien. Ils étaient en coulisse et tenaient à le rester. Ils voyaient dans leur discrétion la garantie de leur efficacité. Le premier, dans le mensuel *Stratégies*, théorise l'hypermédiatisation du président : « Les Français veulent un retour sur investissement. Il n'y a pas de lassitude, mais au contraire une grande exigence à être informés sur tout comme ils le sont dans bien d'autres domaines de la vie quotidienne. Un homme politique ne s'adresse pas aux partis et aux médias mais à l'opinion publique. Je suis convaincu que l'ère des présidences silencieuses est révolue. »

La deuxième, Emmanuelle Mignon, s'attache, sur le site Internet nonfiction.fr, à détailler le rôle des intellectuels et des experts dans la campagne. On y voit la conseillère de l'ombre tisser les fils avec ceux qui traditionnellement travaillaient pour la gauche. On comprend – et c'est le message – que, derrière le talent de Sarkozy, une immense machine à produire des idées s'était mise en place. Sa définition du sarkozysme ? « C'est la droite d'aujourd'hui, jeune, moderne, décomplexée et qui découvre que l'idée de progrès est aussi voire plus intéressante que celle de la conservation. »

Enfin, Catherine Pégard, dans *Le Monde* : « Nous sommes là pour écrire une histoire avec les Français. Ce récit est jalonné par les discours et les actes du président. Mais si les ressorts de la pensée et de l'action sont dans les convictions et dans les actes, ils sont aussi dans ce que les hommes ont de plus profond, de plus intime. La singularité de Nicolas Sarkozy réside aussi dans sa volonté de réduire sa part de comédie. La communication consiste à montrer le président le plus possible dans la réalité de ce qu'il est. »

Ces trois entretiens sont sans doute le signe de la compétition à laquelle se livrent les conseillers pour exister dans l'univers hyperconcurrentiel de l'Élysée. Parler c'est exister. Mais au-delà, chacun dans sa spécialité éclaire un pan de la stratégie du président : la maîtrise des écrans, la maîtrise des idées et la maîtrise du récit. Certains journalistes ont approché de cette vérité-là. Nous étions bien bêtes : il suffisait de le demander à ceux qui la détiennent !

14.

Et Carla apparut...

Oublier Xian... Oublier Tipaza et ses ruines ocre jaune. Bienvenue à EuroDisney et aux brumes de Seine-et-Marne un samedi de décembre. J'ai encore en mémoire les propos de Catherine Pégard m'expliquant l'importance pour Sarkozy d'apparaître désormais dans d'autres décors, de le « ralentir », de « le faire respirer ». L'armée enterrée en Chine et la voie romaine en Algérie ont été programmées pour cela : que l'on cesse de moquer un président qui ne serait intéressé que par la variété française, les radio crochets télévisés et le sport. C'est raté. Comme un collégien qui fuirait la férule de ses maîtres, Sarkozy a fait le mur. Direction EuroDisney, temple de la consommation, du faux et de la modernité. Pour réduire sa « part de comédie » ? Et avec qui ? Carla Bruni, ex-mannequin vedette, chanteuse et croqueuse d'hommes. À l'heure où les Don Quichotte, cette association qui s'occupe de venir en aide aux sans-abri, tentent de relancer la mobilisation autour des SDF en installant leur village de toile le long de la Seine, Sarkozy choisit son camp : paillettes et chansons douces. J'imagine le dépit de la conseillère spéciale. Elle rêvait d'écrire « le grand scénario » du quinquennat. Sa vedette préfère produire et jouer un nouvel épisode d'une *telenovela* sans fin.

Au journal, on m'aborde d'un : « Alors, Carla ? » comme si j'avais tenu la chandelle. Il n'y a pas trois mois, on me disait : « Alors, Cécilia ? Elle s'en va ? » La compression des séquences est telle que les chagrins d'amour durent l'espace d'une saison, et encore. Je me suis amusé à l'idée qu'il valait mieux, pour comprendre le sarko-zysme, lire *Point de vue* que René Rémond[1]. Aujourd'hui qu'il faut acheter « le magazine de l'actualité heureuse » toutes les semaines, je n'en suis plus si sûr. J'ai vaguement entendu parler de Carla Bruni, durant les jours qui ont précédé son apparition officielle dans la vie du chef de l'État. Quelqu'un m'avait dit que quelqu'un lui avait dit que quelqu'un l'avait vue sortir de l'Élysée, un soir vers neuf heures. L'information n'était pas de première main. Son nom était venu s'ajouter aux nombreuses rumeurs qui circulaient et lui attribuaient de futures premières dames. En quel-ques mois y figurent déjà une actrice, Carole Bou-quet, une navigatrice, Maud Fontenoy, une

---

1. Politologue français (1918-2007), auteur des *Droites en France*, Aubier-Montaigne, 1982.

journaliste, et maintenant une chanteuse à qui on a prêté des liaisons avec Mick Jagger, Éric Clapton, Arno Klarsfeld, Luc Ferry et même Laurent Fabius et j'en oublie. Je me sens las. Fatigué de ce Sarkozy qui se saoule de ses conquêtes réelles ou supposées, qui laisse les rumeurs se développer tant qu'elles lui servent à bâtir une image de séducteur, qui convoque désormais les photographes au sortir de son lit ou presque. Décourageant ! Et s'il était finalement celui qu'aiment haïr ses détracteurs : hâbleur, bluffeur, seulement occupé de lui-même et de l'image qu'il projette ?

Tout dans cette « séquence Bruni » porte la marque de la communication personnelle du chef de l'État. Sarkozy sort de la « séquence Kadhafi » éreinté par la presse et les éditorialistes. Il baisse inexorablement dans les sondages. Alors, il faut passer à autre chose au plus vite, d'autant qu'avec Noël qui approche, on se posera vite la question cruciale entre toutes : où et avec qui le président de la République passera-t-il les fêtes ? Selon les informations des uns et des autres, la rencontre de l'ex-top model et du président remonterait à la fin novembre. La nouvelle de leur virée à Euro-Disney est communiquée le dimanche 16 décembre. Son buzz n'aura guère excédé quelques jours avant qu'elle ne soit rendue quasiment officielle. Même pas le temps de passer les trois coups de fil réglementaires pour m'entendre opposer l'habituel « no comment » à mes questions sans surprise. Cette liaison aura été servie cette fois directement du producteur au consommateur, en passant par le « magazine de l'actualité heureuse » – *Point de vue* – et le site Internet de *L'Express.*

Dans ce film en accéléré, les événements ne se suivent même plus, ils se chevauchent. Sitôt faite la révélation de sa liaison, place au voyage de fiançailles : Louxor, Charm el-Cheik et un week-end en Jordanie. Les amoureux choisissent leur décor avec soin. Des lieux où tous les Français ont rêvé d'aller, et que beaucoup d'entre eux ont déjà visités, ils pourront ainsi se sentir en vacances avec le couple présidentiel. Pour un peu, ils pourraient se dire qu'ils ont des goûts simples, n'étaient cette montre Patek Philippe et cette bague de chez Dior qu'ils se sont offerts. Ils voyagent dans l'avion que Vincent Bolloré a mis à leur disposition, mais ils restent à quatre heures de Paris. Ils soignent le décor aussi : les vieilles pierres, les antiquités qui vont si bien avec la « politique de civilisation » que Sarkozy prétend mettre en œuvre en 2008. Le code couleur ? Simplissime : les tons bleus pour elle et lui et l'ocre du désert en toile de fond. Sont-ils beaux ? Disons qu'ils sont de leur époque. La chronique du sarkozysme s'écrit aussi dans les pages mode des magazines féminins. Sarkozy tient sa promesse : il achève l'esprit de Mai 68. Il gagne 20 000 euros par mois, nourri et blanchi, il ne paye pas ses billets d'avion, il veut épouser un mannequin à succès reconverti en chanteuse de talent. Et alors ? « J'assume », dit-il encore. Une manière plus polie de dire : « Je n'en ai rien à foutre. »

« Mon élection est la preuve que nous avons changé d'ère », m'a dit un jour Sarkozy. Par là, il entendait que l'accession au pouvoir d'un type dans son genre aurait été inimaginable dix ou vingt ans auparavant, quand les Français portaient à la magistrature suprême des hommes en qui ils avaient plaisir à s'imaginer : un peu de culture classique, de maintien, le goût du secret et du silence comme une dernière trace de civilisation. Aujourd'hui, il veulent se voir tels qu'ils sont. Les voilà servis.

Bonne année, les journalistes

Viennent parfois des envies de jeter l'éponge. De planter mon « vieux compère » et de le regarder s'éloigner sans chercher à le retenir. Allons, il faut se reprendre. Encore un effort, cette histoire n'est pas terminée. L'abattement n'est pas ton genre, non ? Tu as voulu en être, de ce cirque, tu as voulu le voir de près, n'est-ce pas, alors pas de jérémiades, tu n'es pas là pour choisir les plats mais pour t'en gaver.

Le menu justement, ce 8 janvier 2008, prévoyait une conférence de presse du chef de l'État. Soucieux d'afficher la « rupture » en toute occasion, il avait supprimé de son agenda de rentrée – et c'est heureux – les vœux à la presse. Cette cérémonie d'un autre âge où le président de l'association de la presse présidentielle souhaitait une bonne année au chef de l'État qui en échange n'oubliait pas de rappeler à quel point les journalistes étaient un maillon essentiel de la démocratie, à quel point ce métier était aussi dangereux qu'indispensable et bla-bla-bla... Suivait un apéritif durant lequel les prédécesseurs de Sarkozy saluaient avec un souci de l'équité les sans-grade et les plumes renommées qui se postaient sur leur passage pour recevoir l'obole de quelques mots aimables. L'actuel locataire de l'Élysée pouvait se dispenser de ce pensum qui aurait relancé la polémique sur ses liens privilégiés avec les patrons de la plupart des médias français. Quant à saluer les journalistes et leur présenter ses vœux, il pouvait s'en abstenir. Il tutoyait une bonne part d'entre eux, c'est assez dire qu'il leur voulait du bien ! D'ailleurs, tenir une conférence de presse, comme il s'y était engagé pendant sa campagne, n'était-ce pas nous faire un premier cadeau ?

Ce sera bien le seul. Est-ce parce qu'il en a trop entendu sur la connivence qu'il entretient avec nous ? En tout cas, le président est décidé à casser du journaliste. La moindre imprécision dans une question, la plus petite critique sous-jacente est immédiatement interprétée comme une agression et vaut à son auteur une volée de bois vert. Pendant deux heures, dans la salle des fêtes de l'Élysée, Sarkozy fait la leçon à la presse,

comme un instituteur énervé à la fin d'une journée de classe. Il est vrai que nous donnons des
bâtons pour nous faire battre : questions trop
longues, éditorialisantes, imprécises. La conférence de presse est un théâtre où tout le monde
joue son rôle. Ce jour-là, nous ne nous sommes
pas montrés sous notre meilleur jour. Les sans-
papiers « traités comme des criminels » ? « Faites
attention aux mots que vous employez. » La
monarchie élective dont il serait le représentant
selon le directeur de *Libération*, Laurent Joffrin ?
« Mais c'est une obsession ! Le pouvoir personnel, vous en parliez déjà à propos du général de
Gaulle. Mettez-vous au goût du jour. » La publicité de sa vie privée ? « Si vous avez peur d'être
instrumentalisés, n'envoyez plus de photographes, nos vacances seront excellentes quand
même. »

Vingt-deux questions lui seront posées, à toutes
il répondra sur ce registre, personnalisant sa
réponse et renvoyant l'interlocuteur, qu'il cite
par ses nom et prénom, dans les cordes. Il souligne ainsi le lien qu'il a avec certains d'entre
nous, tout en s'en défaisant. Comment pourrait-il
encourir le reproche de manipuler les médias
puisqu'il cogne dessus à qui mieux mieux ? Moi,
je cherche à m'en faire aimer ? Mais regardez
comme je les traite, semble-t-il dire. Moi, j'aurais
sollicité la presse pour chroniquer ma vie privée ?
Mais enfin, voyez dans quel mépris je la tiens.
Pervers, ils nous pousse à rire du mauvais traite-

ment qu'il inflige à l'un ou l'une d'entre nous. Mais qu'importe puisqu'il sait qu'il nous retrouvera au prochain rendez-vous qu'il nous fixera. J'entends dire qu'il faudrait refuser de s'y rendre, refuser de lui servir de punching-ball. Assez facile à dire, plus difficile à faire. Nous sommes montés sur la charrette à foin, nous avons descendu le Maroni en pirogue, devrions-nous en redescendre à la première agression ?

J'entends dire encore que nous nous dévoyons en posant la question de son mariage avec Carla Bruni. Mais il y en aura autant qui nous reprocheront de ne pas avoir osé la poser. Et puis, avouons-le, la réponse valait la peine. Rien que pour ce « entre nous, c'est du sérieux ». On croit voir Sarkozy, se tortillant devant sa mère pour expliquer que cette fois – promis, juré, maman – c'est pour la vie. J'avais pris le cours de cette histoire avec Cécilia, et me voilà avec Carla. Je n'imaginais pas le mariage, je l'avoue : encore une fois, il a été plus rapide que nous !

En arrivant à l'Élysée ce jour-là, j'avais croisé Pierre Charon sur le perron. Le réprouvé avait de nouveau ses entrées au Château. Il y aurait tôt ou tard de nouvelles fêtes à organiser dans cette maison du bonheur retrouvé. On allait ressortir les guitares et chanter avec tous ces vieux copains que Cécilia n'aimait pas.

« *850 000 exemplaires, hein ?* »

L'habitude est finalement vite prise. Ce matin j'achète *Gala, Point de vue, Closer, VSD, Le Nouvel Observateur, Le Point, L'Express*. Tous ces magazines consacrent leur une à Sarkozy et à ses amours actuelles ou anciennes. Je les étale sur la table de mon salon pour mieux me rendre compte de l'effet de saturation médiatique : « Nicolas Sarkozy et Carla Bruni, le coup de foudre pour la vie », « Carla si fière de la bague de Nicolas », « Le président people », « L'acrobate », « Les quatre vérités de Cécilia », « Cécilia règle ses comptes »... Cette semaine, Cécilia et Carla se disputent les manchettes. L'ancienne épouse règle ses comptes dans trois livres[1] qui paraissent simultanément en ce début janvier. Tous se proposent de raconter une Cécilia secrète et blessée. Dans l'un, elle est ambitieuse, dans l'autre, une femme d'action, dans le troisième enfin, une amoureuse bafouée. Alors que son ex-mari file le parfait amour, nous dit-on, trois mois après avoir divorcé d'elle, celle qui voulait pouvoir « aller au supermarché avec son fils comme tout le monde » s'affiche dans tous les kiosques. Vague écœurement. Mais je lirai ces livres, comme je lis

---

1. Anna Bitton, *Cécilia*, Flammarion, 2008 ; Denis Demonpion et Laurent Léger, *Cécilia, la face cachée de l'ex-première dame*, Pygmalion, 2008 ; Michaël Darmon et Yves Derai, *Ruptures*, Éditions du Moment, 2008.

tout le reste. Il y a deux semaines, j'avais fait l'emplette de la revue *Esprit* qui consacrait un long dossier au sarkozysme. Je deviens éclectique.

C'est ma femme qui me l'a fait remarquer : « Il n'y a jamais eu autant de journaux people à la maison. » Tous ces journaux écrivent une part de vérité du personnage. Tous ces modes de traitement sont légitimes, aussi légitimes en tout cas que mes articles dans *Le Monde*. Et probablement plus lus. Ces journaux-là ont des accès que je n'ai pas. Ils annonceront sans doute un jour, s'il y a lieu, quelque heureux événement ou l'inverse. La chronique du sarkozysme s'écrira sur du papier rose avec des photos couleurs. La presse people a gagné un client. Désormais, le chef de l'État ne peut plus se passer d'elle, elle ne peut se passer de lui. Autrefois, c'est au *Monde*, au *Figaro*, au *Parisien* ou à *Libération* qu'il réservait ses annonces. C'est avec nous, ses « embedded », qu'il peaufinait ses formules, rendait les coups qui lui étaient portés. Parvenu au sommet, il peut tranquillement nous ignorer. Là où il est, il se confond avec les stars du cinéma ou du rock. Les Ray-Ban miroir ne sont plus faites pour protéger ses yeux sensibles à la lumière, mais pour souligner sa parenté avec elles.

Quelques minutes après sa conférence de presse, le 8 janvier, alors qu'il s'apprêtait à regagner son bureau par une porte en trompe l'œil, il avait lancé aux quelques journalistes présents : « Quand même *Paris-Match*, 850 000 exemplaires... Hein ? » Puis il avait quitté la scène. Que répondre à cela ? Oui, l'hebdomadaire qui avait fait sa une avec une photo du couple Nicolas et Carla lors de leurs vacances en Égypte avait fait une de ses meilleures ventes de l'année. D'autres records allaient sûrement tomber. Il n'y a pas si longtemps, le candidat se rassurait sur ses chances d'être élu avec l'audimat des émissions de télévision auxquelles il participait. Il en tenait le compte précis et le comparait avec celui de ses adversaires. Dès le lendemain, Franck Louvrier avertissait les journalistes qu'un record venait de tomber. Dans ce cas, la Firme Sarkozy nageait dans le bonheur pour une journée entière, une baisse d'audience et tous plongeaient dans le doute. Aujourd'hui, ce sont les tirages de la presse qui semblent le confirmer dans son bonheur. À croire qu'il ne sait pas s'il est vraiment heureux. C'est comme s'il disait : nous nous aimons puisque nous faisons vendre.

Tenir

Pour l'instant, dans la partie qui se joue entre le chef de l'État et l'opinion, nous n'avons qu'un rôle subalterne. Non seulement il a fait exploser les frontières du genre aux confins du people, de l'enquête psychologique et de la critique théâtrale, mais il s'est mis hors de portée de nos compétences. Jamais les psychanalystes n'ont été autant requis par la presse pour parler du sixième président de la Ve République. Mis provisoirement sur la touche, nous ne courons pas non plus le risque de la connivence, puisque, là où il est, on ne peut plus l'atteindre. Seulement le voir. Plus tard peut-être, quand averti par les sondages, il réalisera à quel point ce début de mandat l'a éloigné de ses promesses de campagne, le retrouverons-nous comme avant, corrosif, blagueur et terriblement humain. Nos instruments de journalistes ne sont pas adaptés à la séquence en cours de tournage, trop subtils peut-être, d'un autre âge en tout cas. Nous nous efforçons d'atteindre une certaine expertise dans l'étude de caractère et les dispositif de communication. Pas un jour sans que l'on m'interroge sur la question de savoir ce qui se passe dans la tête du président. Pourquoi gâche-t-il ainsi son capital ? Je risque des hypothèses : goût de la provocation, vertige des sommets. Qu'en sais-je en vérité ?

Mais il faut tenir. Ne pas déserter le terrain de la politique et rester à son contact quand bien même voudrait-il nous mettre hors jeu et nous tenir aux marges, comme des spectateurs dans une tribune. Je continue d'affirmer que le seul rempart à la communication sans fin du président est d'en décortiquer les rouages, qu'il faut opposer l'expertise aux annonces sans fin, et l'ironie de l'écrit au choc des photos. Ce n'est pas gagné d'avance. Que valent nos colonnes grises pleines d'explications subtiles au regard de l'image d'un couple qui se tient par la main face aux pyramides de Gizeh vernies d'or dans le soleil couchant ?

Mais nous allons continuer, n'est-ce pas, vaillants petits soldats, à embarquer dans les avions de la République pour rendre compte de ce pour quoi il a été élu. Si d'autres charrettes à foin sont à disposition, nous y monterons. Nous continuerons à brandir sous son nez ses promesses de campagne. On continuera à nous reprocher d'être trop critiques ou trop élogieux. Mais qu'importe. Nous lui rappellerons l'usine de Saint-Quentin qui lui avait fait tant d'effet. Sortant un jour d'une fonderie où il avait engagé la discussion avec un ouvrier dans un bruit effarant de machines-outils à plein rendement, il m'avait attrapé par la manche de la veste : « Tu te rends compte, Philippe, ce type-là, il a notre âge ! » Il en paraissait dix de plus. Plusieurs fois, il m'a reparlé de cet homme vieilli avant l'heure qui parlait en croisant les bras. C'était une découverte, le premier ouvrier qu'il voyait de près. Oui, il y a encore une place pour le journalisme politique sous le règne de Sarkozy à condition de ne pas plonger dans la fiction où il nous entraîne. Divorce, remariage, naissances : tout est politique comme on le disait dans les années soixante-dix.

J'ai finalement bien fait d'acheter *Point de vue.* C'est en page 17, dans une petite colonne tramée à droite que j'ai trouvé la meilleure fin à ce livre. Fin provisoire bien sûr, au rythme où va le TGV Sarkozy. Je cherchais une dernière anecdote, le détail qui donne soudain la cohérence à l'ensemble, qui exprime tout à la fois mon désenchantement et mes envies de silence parfois. Bien sûr, je ne l'ai pas trouvée. Je n'ai plus rien en stock qui n'ai déjà été écrit ici ou dans mes articles. Et puis voilà, j'ai trouvé ceci. C'est une toute petite interview, trois questions à peine, de Dadu Sarkozy, la mère du président de la République. On devine, à la brièveté de l'entretien, qu'elle est un peu lasse d'avoir à répondre une nouvelle fois à des questions. Peut-être son fils lui a-t-il reproché d'avoir raconté naïvement ses souvenirs de son voyage en Chine dans le même magazine ? Ou peut-être s'est-elle lassée des amours de son cadet ? À quatre-vingts ans, elle a sûrement autre chose à faire.

La journaliste : « Alors, votre fils se marie ? »

La mère du chef de l'État : « Je suis très contente si mon fils est content. Je n'écoute plus la radio. J'en ai assez de tout ce bruit. »

Et moi ? En avais-je assez ? Cela dépendait des jours. Il m'arrivait de rêver qu'un jour ou l'autre, je renoncerais à mon sujet comme on renonce à la cigarette. Une dernière bouffée et basta. Au lycée, un ami, gros fumeur, m'avait confié qu'il était parvenu à se débarrasser de cette servitude en fumant dans la même journée deux paquets de Gauloises et trois cigares. Depuis, il s'estimait guéri. Mais mon addiction était tenace. Moi, j'en avais eu ma dose ! Je pensais Sarkozy matin, midi et soir. Il rythmait mes jours et peuplait même mes nuits, comme on l'a vu. Je me réveillais le matin en pensant à ce qu'il aurait pu faire pendant la nuit. Du jet-ski sur la Seine ? Une soirée tecktonic dans un night-club de banlieue ? Il fallait se tenir prêt à toutes les éventualités. Oui, bien sûr, il y avait du bruit, trop de bruit. Trop d'images, trop de sons et pas assez de temps et de recul pour tout restituer et tout analyser. Mais déjà me parvenait le mail m'invitant à m'accréditer pour partir en Inde avec le président. New Delhi, la fête de l'indépendance, les éléphants... Allez, encore un effort.

Je n'avais pas suivi le voyage précédent dans les pays du Golfe. « Il a fait un bon off », m'avait rapporté un confrère comme on dit d'un chanteur qu'il a fait un bon concert. Sarkozy avait entraîné un petit groupe de journalistes au bar de l'hôtel Four Seasons de Doha : « On ne parle pas boulot, hein ? » avait-il exigé. Mais alors, de quoi l'entretenir ? Un cigare à la bouche, il avait donc parlé de lui, la seule chose qui au fond le passionne. « C'est le plus léger, tu pourras l'éliminer facilement en courant », lui avait dit Olivier Dassault en lui offrant un barreau de chaise. Le président de la République avait alors ironisé sans grande légèreté sur cette remarque... Décidément très en verve sur son registre habituel, il avait révélé, comme en passant, qu'il était sorti un samedi matin de chez sa nouvelle compagne, vers huit heures. « On a adoré Louxor, c'était très fort », lâcha-t-il entre deux bouffées. Exhibitionnisme ? « C'est incroyable ! Depuis 2002, vous faites des unes sur moi. Vous avez toujours parlé de moi. Il n'y a que moi... » « Maintenant c'est mondial », le relance-t-on. « Eh bien, c'est le retour de la France, vous devriez être fiers, hein, vous les journalistes français. » Mais bien sûr, il n'y est pour rien ! « On m'offre une montre, je retrouve le prix dans le journal. L'AFP fait une dépêche sur le prix de ma chambre d'hôtel. Mais si on doit parler de tout, alors allons-y ! Faisons la transparence. Racontons la sexualité des journalistes… Racontons la manière dont certaines journalistes vivent avec des hommes politiques… »

On ne l'arrête plus. Il affiche son bonheur et sa hargne. Il dit qu'il court deux fois par semaine dans le parc de l'Élysée. Qu'il en fait le tour en deux minutes trente. Il n'a qu'un regret : « J'aime bien les pizzas, mais à l'Élysée, ils n'en font pas. » Le pauvre ! En prenant en note ses propos que me raconte un confrère, je repense à cette phrase qu'il nous avait dite, quelque temps avant l'élection. Nous l'interrogions sur son état d'esprit, si près du but. Il avait répondu : « Enthousiasme nul, plaisir zéro. » On me rapporte que ce soir-là, à Doha, certains de mes confrères, écœurés par cette impudeur, ont préféré quitter le bar du Four Seasons. L'aurais-je fait ? Pas sûr.

Épilogue

Il est revenu. Qui ? Le premier ministre. Un dimanche soir de janvier, je regarde François Fillon à la télévision. Impression de calme et de retenue bienvenus. Son costume gris fer, quelle classe ! Sa mèche de cheveux jais, quelle élégance ! Ce phrasé morne, quel repos ! Fillon est devenu tendance. Quand on est soumis aux soubresauts de Nicolas Sarkozy, à son itinéraire zigzagant, à son rythme trépidant, le premier ministre a les charmes d'une oasis de simplicité. Nostalgie d'un monde sans fioritures. En moins d'un an, cet homme que tout le monde jugeait falot est devenu rassurant comme un feu de cheminée dans une maison de province. La comparaison avec le chef de l'État le sert. Il est devenu le point fixe des électeurs de l'UMP déboussolés par le style Sarko. « Monsieur Nobody », comme l'appellent les conseillers de l'Élysée gagne finalement à ne pas être connu. Les sondés ne s'y trompent pas. Plus ils font plonger le chef de l'État dans les basses eaux de l'impopularité, plus ils s'accrochent à cet homme policé comme une bouée de sauvetage, montrant par là que ce n'est pas tant le programme que le style du président qui les navre.

Voilà bien le mystère de la présidence Sarkozy. Comment un homme élu avec 53 % des suffrages en mai se retrouve-t-il presque nu à l'orée du printemps ? Une image me vient : celle d'un joueur – écharpe blanche autour du cou, nœud papillon dénoué – qui dépenserait en une nuit sa fortune au casino de Deauville. Tout occupé à prouver à Cécilia et au monde que son divorce ne l'avait pas abattu, il s'est comporté comme un survivant. Hiver tragique qui voit le chef de l'État dilapider sa popularité se croyant immunisé contre les retournements de l'opinion. L'amour est mauvais conseiller. « Il a déserté psychologiquement la fonction », me glisse un conseiller. Il a joué Carla Bruni contre l'opinion et contre le pouvoir d'achat. Belle preuve d'amour ou cécité politique, on verra. Les Français voulaient qu'il souffre. À la limite, ils auraient peut-être consenti à souffrir (un peu) avec lui, ou du moins à compatir. Mais Sarkozy ne leur ressemble pas. Chez lui les chagrins d'amour sont brefs, les cristallisations expresses.

Lui aussi a épousé son Italienne, moins de trois mois après son divorce un matin de février, comme ça, presque à la sauvette dans le salon vert de l'Élysée, entre son bureau et celui de Claude Guéant. Stendhal n'aurait rien pu faire d'un tel modèle... Avec l'installation de Carla Bruni, c'est tout un ancien monde qui retrouve ses entrées au Château. Pierre Charon, aperçu lors de la conférence de presse, est revenu dans l'étui à guitare de la belle Piémontaise. C'est lui qui, avec elle, s'est chargé d'organiser la fête pour les cinquante-trois ans du chef de l'État dans l'hôtel particulier de la jeune femme. Comme au Fouquet's le soir de la victoire, on y retrouve des patrons (Martin Bouygues, Vincent Bolloré) qui à onze heures regardent leur montre pour partir, des chanteurs, Johnny Hallyday et Michel Sardou qui ne s'aiment pas, et des ministres qui ne s'apprécient pas davantage… comme Rachida Dati et Rama Yade. Au menu des pâtes et des vins fins. Sur le piano à queue, s'accumulent les cadeaux. « C'est incroyable ce qu'on peut faire avec un million d'euros », s'amuse Charon. Brice Hortefeux aussi est de la fête. L'ami de trente ans est revenu en grâce, après que la longue parenthèse Cécilia, qui le tenait à l'écart, s'est refermée. Manquent encore dans le paysage Frédéric Lefebvre et Laurent Solly pour la Firme soit au complet. Le premier publie rapport sur rapport et peaufine les amendements à l'Assemblée nationale en attendant le signal de sa complète réintégration. Il a déjà son idée sur les raisons du dévissage de Sarkozy dans les sondages de ce début d'année : « L'entourage n'est plus assez politique. » Le second, dit-on, revoit Sarkozy de loin en loin mais se félicite encore de son choix d'une carrière dans le privé, à TF1.

Relation de cause à effet ? C'est David Martinon, le félon, le traître, qui voit son étoile pâlir. Neuilly aura été son calvaire. D'une élection prévue de maréchal, il a fait son chemin de croix. « Je sais faire une campagne », répondait-il à ses détracteurs. À voir : intronisé en septembre 2007 par Sarkozy en personne, il jette l'éponge en février. Sans appui, après le départ de Cécilia qui le protégeait, il se retrouve seul. En acceptant le renfort de Jean Sarkozy, le fils cadet du président, à ses côtés, il a fait entrer le loup dans le poulailler. Biberonné à la politique, Jean n'a pas été long à voir les limites de la tête de liste UMP dans l'ancien fief de son père. En quelques sorties sur les marchés et dans les réunions publiques, il a aimanté tous les regards sur lui. Il ne lui pas été difficile ensuite de convaincre le président que, décidément, ce Martinon était bien inexpérimenté, qui au lieu d'acheter du poisson au marché Windsor un dimanche de campagne, répondait, narquois et ironique, au vendeur : « Ma compagne a déjà fait les courses. » Un autre dimanche, en février, l'ange blond a sorti sa dague et obligé le porte-parole à se retirer. Neuilly vaut bien une petite exécution en famille. Les dirigeants de la Firme ont eu des sourires cruels. Prestement, ils ont fait une encoche sur la crosse de leur fusil. Et d'un. On me dit qu'ils ne se sentiront pas vengés tant que Claude Guéant et Rachida Dati croiseront encore dans les parages de l'Élysée.

Et Sarkozy ? Il a, dit-il, prévu son impopularité. J'ai du mal à le croire de la part de celui qui depuis 2002 n'a jamais connu la défaveur des Français. Il crâne comme d'habitude. Il joue les blasés. On lui annonce que les municipales de mars seront une déculottée pour l'UMP ; il montre à ses interlocuteurs les SMS que lui envoie sa nouvelle épouse. « Elle est belle, hein ? » dit-il à tout propos. À Brice Hortefeux, il a confié : « Maintenant, je n'ai plus besoin de dormir. » Le bonheur sûrement, et l'impudeur de l'amour. J'en savais quelque chose. Depuis la Guyane où il est retourné, il s'essaye au rôle du vieux sage taiseux que Mitterrand et Chirac avaient si bien su tenir : « Je suis moins inquiet que vous », lâche-t-il aux micros tendus. Visitant le site de Kourou, il se fait philosophe : « Sans être astronome, j'imagine que la Terre, vue de Mars, ne doit guère être plus grosse que Mars vue de la Terre. À cette distance, les rivalités nationales et les concours de prestige apparaîtront comme dérisoires. » Comme il doit lui en coûter, à lui qui ne voulait rien faire comme tout le monde, de reprendre les vieilles recettes de la communication politique en temps de crise : se taire et faire le dos rond.

Mais il y a la presse, ces foutus journalistes qui chaque jour sont à ses basques. « Monsieur le président, un mot sur Carla Bruni ? », « Monsieur le président, un mot sur David Martinon ? », « Monsieur le président, un mot sur votre fils ? » Pas un jour ne se passe sans qu'il prenne à partie l'un ou l'autre d'entre nous. Le président nous trouve trop injustes à son égard, pas assez complaisants, trop ironiques ou carrément méchants. Dans ces diatribes, je suis, dit-on, abondamment servi : « Autrefois, aime répéter Sarkozy, au *Monde*, on avait Passeron[1], maintenant on a Ridet ! » En Inde en janvier, puis en Roumanie en février, il a eu deux occasions de nous montrer le mépris dans lequel il nous tient désormais. Dans les salons de l'ambassade de France à Delhi, il a sévèrement repris une consœur qu'il voulait questionner à son tour. « C'est moi qui pose les questions », lui a-t-elle rétorqué, bravache. Réplique immédiate de Sarkozy : « Les questions-réponses, c'est bon pour les commissariats. » Je n'ai guère eu plus de chance à Bucarest lors de sa conférence de presse en présence du premier ministre roumain. Une fois encore et j'imagine pour les mêmes raisons, mes collègues m'avaient choisi pour poser une des questions françaises ! Elle portait sur sa chute de popularité. Sarkozy : « Monsieur Ridet, vous avez suffisamment écrit que les sondages ne veulent rien dire pour que je ne vous réponde pas. » Quand avais-je pu écrire ça ? Je l'ignorais et lui aussi. Et pour cause.

Quelque chose a changé depuis cette conférence de presse du 8 janvier entre les journalistes et lui. Nos relations se sont tendues. Nos face-à-face, quand il se produisent, transpirent de méfiance et

---

1. André Passeron (1926-1994) était journaliste politique au *Monde*, spécialiste, pendant vingt-cinq ans, du mouvement gaulliste.

de violence rentrée. Parce que nous anticipons la vivacité de ses réponses, nous durcissons le ton de nos questions. Parce que nous voulons échapper au soupçon de connivence, nous avons établi des barrières de fil barbelé, un rapport de force qui nous protège. La petite troupe des « embedded » ayant grossi, c'est un groupe compact d'une trentaine de journalistes, voire davantage, qui se présente à ses conférences de presse rituelles en marge de ses voyages. A-t-il peur ? Est-il galvanisé par l'apparence de force que nous opposons à sa solitude ? Sommes-nous devenus plus imposants qu'il lui faille tenter d'abord de nous diviser en prenant l'un d'entre nous pour cible ? Autrefois, quand il avait fait de nous son premier public, l'échange pouvait être enlevé, mais jamais brutal. S'il cédait à une tentation, c'était à celle d'avoir raison, rarement d'intimider. Mais, je l'avoue, j'ai du mal à imaginer le Nicolas Sarkozy que je connais effrayé par nos manières. Non, l'explication doit être ailleurs.

Dans ces mauvais sondages ? Dans nos papiers plus sévères ? Nous étions sa « petite France », il nous envisage désormais comme quelques-uns de ces Français qui le jugent sans indulgence et se sentent trompés. Il nous engueule faute de pouvoir s'en prendre à ses compatriotes qui l'empêchent de jouir en paix de la félicité amoureuse et des agréments du pouvoir. Il maltraite la presse comme il méprise ses ministres ou les députés de sa majorité. Tous ceux-là qui lui disent : « Nicolas, tu en fais trop. » Quoi ? Comment ? Oser lui faire ce reproche à lui qui a tant patienté pour en arriver là… En attaquant en justice pour « faux et usage de faux » le site du *Nouvel Observateur* qui a divulgué la teneur d'un SMS qu'il aurait envoyé à son ex-épouse avant son mariage avec Carla Bruni, il a passé une borne que ses prédécesseurs s'étaient interdit de franchir. Il est vrai qu'ils n'avaient pas eu à affronter une telle intrusion dans leur vie privée. « C'est Sarkozy qui nous pousse sur ce registre » plaide-t-on avec mauvaise foi dans certains médias, comme s'ils avaient perdu tout libre arbitre et la faculté de juger entre ce qui mérite d'être publié et ce qui ne le mérite pas.

Une nouvelle histoire commence entre lui et nous. Moins complice sûrement, plus méfiante. « Salut, bande de charognards », nous avait-il lancé un matin d'avril 2007 alors qu'il nous recevait dans un hôtel des Baux-de-Provence. Il voulait faire de l'humour probablement, avec cette finesse de bulldozer de ceux qui n'en ont pas. Aujourd'hui, il le pense et sa secrétaire d'État, Rama Yade, reprend son vocabulaire à la radio pour le défendre. Stratégie aussi étrange que risquée. Certains d'entre nous donnent des signes de fatigue, les « embedded » se lassent et prennent du champ à la première occasion. Trop de Sarkozy tue les sarkologues. Quand nous nous croisons, nous parlons d'avenir, loin de l'Élysée. Qui se voit correspondant à Rome. Qui veut faire des interviews à la radio. Qui attend un enfant. Qui envisage une carrière de rédacteur en chef, voire davantage, comme si la chronique au jour le jour du nouveau règne était une entreprise exténuante et finalement peu gratifiante. Mon tour viendra sûrement de faire d'autres projets. Mais comment résister à cela ? Les amis retrouvés, encore une fois, à Roissy, porte 4. Un reportage au bout du monde. Une virée aux confins du Brésil, une autre en Afrique du Sud, un peu plus tard, en Nouvelle-Calédonie peut-être. Un peu de soleil au cœur de l'hiver.

Parfois, au contraire, nous évoquons les souvenirs de notre bref passé commun. Nous nous laissons dériver au fil du temps heureux du journalisme de campagne. « Tu te souviens des bulots à Larmor-Plage et de cet après-midi sur la plage la tête calée sur notre sac de voyage ? » Et cette fois où Franck Louvrier avait lancé, très en colère, à l'un de nous qui ne l'était pas moins : « Si ça te plaît pas, tu n'as qu'à suivre Ségolène Royal ! » Et cette course dans une piscine d'un hôtel de Guyane. J'ai gagné. Et cette photo de nous tous à Avignon, à la sortie d'un restaurant, avec les yeux rouges comme des lapins frappés de myxomatose. Et la fois où…

Cette campagne ne nous lâche pas. Nous revenons nous y replonger comme dans un bain de jouvence. Elle a été cette colonie de vacances où je ne suis pas allé, cet internat où je n'ai pas mis les pieds, ce service militaire que je n'ai pas fait. Un moment de jeunesse tardif. Je récapitule les noms et les visages comme on vérifie que le gaz et l'électricité ont bien été coupés avant de refermer derrière moi la porte d'une maison de vacances.

Remerciements

À Vera, ma femme, « embedded » malgré elle,
À Léo et Ottavio, mes fils,
À mes parents avec qui je découvris la politique,
À mes amis Bruno Jeudy et Ludovic Vigogne,
À Fabien Roland-Lévy et Raphaëlle Bacqué,
À Alexandre Wickham, mon éditeur.
À ceux qui au *Parisien*, puis au *Monde*, m'ont permis de passer « ma vie avec Sarko ».

Table

Composition Nord Compo
Impression : Bussière, avril 2008
Éditions Albin Michel
22, rue Huyghens, 75014 Paris
www.albin-michel.fr
ISBN 978-2-226-18390-3
N° d'édition : 25654 – N° d'impression : 081166/4
Dépôt légal : avril 2008
Imprimé en France